Fritz Laubach

Gottes Weg in eine neue Welt

Ein Gang durch die Offenbarung des Johannes

SCM
Bundes-Verlag

SCM

Stiftung Christliche Medien

SCM ist ein Imprint der SCM Verlagsgruppe, die zur Stiftung Christliche Medien gehört, einer gemeinnützigen Stiftung, die sich für die Förderung und Verbreitung christlicher Bücher, Zeitschriften, Filme und Musik einsetzt.

4. Auflage 2026

Bodenborn 43 · 58452 Witten
Internet: www.bundes-verlag.de; E-Mail: info@bundes-verlag.de

Covergestaltung: Samuel Krüger, Bundes-Verlag GmbH
Umschlaggestaltung: Kathrin Spiegelberg, Weil im Schönbuch
Foto Dr. Fritz Laubach: FeG Deutschland | Artur Wiebe
Satz: Christoph Möller, Hattingen
Druck und Verarbeitung: booksfactory.de,
ein Service der Print Group Sp. z o.o. Szczecin
Gedruckt in Polen
ISBN 978-3-86258-085-9
Bestell-Nr. 209.085

Inhalt

Ein biografisches Vorwort von Peter Strauch 5

Geleitwort des Verlags 9

Vorwort des Autors 11

Die Offenbarung des Johannes 13

Offenbarung 1,1-8: Einführung in die Offenbarung 13

Offenbarung 1,9-20: Die Beauftragung des Johannes und die Erscheinung des erhöhten Christus 20

Offenbarung 2–3: Sieben Briefe an Gemeinden in Kleinasien 24

Offenbarung 4 und 5: Im Thronsaal Gottes 32

Offenbarung 6: Die Öffnung der sechs Siegel 38

Offenbarung 7: Durch Gottes Macht bewahrt für die Seligkeit (1Petr 1,5-6) 42

Offenbarung 8–9: Der Dienst der Engel des Unheils (oder: des Gerichtes) 49

Offenbarung 8,1-5: Christus öffnet das siebte Siegel 49

Offenbarung 8,6-13: Die ersten vier Gerichtsposaunen 51

Offenbarung 9,1-12: Das Heer der Dämonen 53

Offenbarung 9,13-21: Der »dritte« Weltkrieg 55

Offenbarung 10: Inmitten aller Schrecken weltweite Verkündigung des Evangeliums 58

Offenbarung 11,1-14: Brennpunkt endzeitlicher Auseinandersetzungen: Jerusalem 61

Offenbarung 11,15–16,21: Die 7. Posaune – Gottes Gericht an einer gottlosen Welt 66

Offenbarung 11,15-19: Auftakt zur dritten Katastrophenwelle 66

Offenbarung 12: Die Frau und der Drache: Der Kampf im Himmel und auf Erden 68

Offenbarung 13: Das Tier aus dem Meer und das Tier von der Erde 72

Offenbarung 14: Rettung der Gläubigen und Gottes Gericht 77

Offenbarung 15: Feierliche Vorbereitung der letzten Katastrophen 87

Offenbarung 16: Die letzten Katastrophen 90
Offenbarung 17: Der antichristliche Staat
und die antichristliche Kirche 94
Offenbarung 18: Der Untergang Babylons 97
Offenbarung 19: Jesus Christus kommt wieder 102
Offenbarung 20: Tausendjähriges Reich und Endgericht 107
Offenbarung 21,1–22,5: Ein neuer Himmel und eine neue Erde 112
Offenbarung 22,6-21:
Das Schlussgespräch des Engels mit Johannes
und das Wort des Herrn 121

Ein biografisches Vorwort von Peter Strauch

Im Spätsommer 1966 begann ich meinen Dienst als junger Pastor einer Hamburger Stadtrandgemeinde, und mein Vorgesetzter war Fritz Laubach, der Autor dieses Buches. Ich kannte ihn bereits, denn er war vorher vier Jahre lang einer meiner theologischen Lehrer.

Fritz Laubach ist nicht mit dem Evangelium aufgewachsen. Er verbrachte seine Kindheit in einem vom Humanismus geprägten Elternhaus und sollte ursprünglich – wie sein Großvater – Arzt werden. Heiligabend 1944 geriet er in Gefangenschaft und begegnete dort zum ersten Mal praktizierenden Christen. Er empfand sie als so anziehend, dass er mit ihnen zu den Gottesdiensten ging und dabei auch die Abendmahlsfeiern nicht ausließ. So dachten seine frommen Freunde, er sei bereits Christ, und schlugen ihm vor, Pfarrer zu werden. Er begann daraufhin tatsächlich mit dem Theologiestudium, in der Hoffnung, auf diesem Weg Gott zu finden, denn ihm war bewusst, dass ihm noch Entscheidendes fehlte. Eine Marburger Diakonisse lud ihn schließlich zu einem Bibelkreis ein, in dem er zum Glauben an Jesus Christus fand. Dieser Kreis war zugleich die Keimzelle der SMD (Studentenmission Deutschland), deren erster Reisesekretär Fritz Laubach wurde. 1955 promovierte er an der Evangelisch-Theologischen Fakultät der Universität Tübingen mit einer Arbeit über Justinian von Welz (1621–1668), einem Pionier der Weltmission. Von 1955–1959 war er Pastor der Freien evangelischen Gemeinde in Siegen-Geisweid. Von dort berief ihn der Bund Freier evangelischer Gemeinde an das Theologische Seminar Ewersbach (heute: Theologische Hochschule). Dort begegnete ich ihm zum ersten Mal.

Dr. Fritz Laubach unterrichtete die Fächer Dogmatik, Ethik, Philosophie und Neutestamentliche Exegese, wobei mich seine Vorlesungen über den Hebräerbrief am stärksten beeindruckten. Dabei wurde er nicht müde, Professor Otto Michel (1903–1993) zu zitieren, der während seines Studiums in Tübingen einer seiner theologischen Lehrer war. Vieles habe ich durch Fritz Laubach gelernt, aber über seine Lehrfächer hinaus war es vor allem sein Umgang mit der Bibel, der auch für mein theologisches Denken und Arbeiten prägend wurde. Für ihn war die ganze Bibel uneingeschränkt das vom Geist Gottes inspirierte Wort Gottes.

Im Herbst 1966 trat Fritz Laubach die Nachfolge von Friedrich Heitmüller (1888–1965) an. Heitmüller war über fünf Jahrzehnte Leiter der Stiftung »Elim« in Hamburg. Dieses 1892 gegründete Diakonie- und Gemeindewerk hatte während dieser Zeit eine enorme Ausdehnung erlebt. Als Fritz Laubach die Arbeit übernahm, gehörten ein Krankenhaus, mehrere Alten- und Erholungsheime sowie die Freie evangelische Gemeinde mit über 3000 Gemeindegliedern dazu. Die Gemeinde traf sich im gesamten Stadtgebiet und im weiten Umland von Hamburg an über zwanzig Orten. Erst unter der Leitung von Fritz Laubach wurde die Arbeit mehr und mehr dezentralisiert.

Auch ich begann 1966 mit meinem Dienst in Hamburg, und als 23-jähriger völlig unerfahrener Pastor war ich besonders dankbar für die alle zwei Wochen stattfindende Mitarbeiterkonferenz (»Miko«). Alle in der Stiftung »Elim« beschäftigten Gemeindepastoren und Gemeindeschwestern nahmen daran teil. Bei diesen halbtägigen Zusammenkünften standen nicht nur Arbeitsfragen und gemeinsame Planungen auf dem Programm, sondern vor allem eine gut einstündige Bibelarbeit, die meist von Fritz Laubach gehalten wurde. Ich kann mich gut an seine Bibelarbeitsreihe über die »Offenbarung des Johannes« erinnern. Über mehrere Monate legte er uns dieses letzte Buch der Bibel aus. Der zur Stiftung gehörenden Gemeinde war diese Thematik durchaus vertraut, denn zu den von Friedrich Heitmüller herausgegebenen Büchern und Schriften gehörte eine Zeitschrift mit dem Titel »Das feste prophetische Wort«. Darin ging es vor allem um die auf die Endzeit gerichtete Prophetie des Alten und des Neuen Testamentes – manchmal auch mit gewagten Deutungen der Zeitgeschichte. Aber Fritz Laubachs Auslegungsreihe blieb von fragwürdigen Spekulationen frei. Für ihn galt der Grundsatz des Paulus: »Nicht über das hinaus, was geschrieben steht« (1Kor 4,6), und das gilt auch uneingeschränkt für das vorliegende Buch.

Aber Fritz Laubach blieb und bleibt auch nicht dahinter zurück. Schließlich gab uns Gott dieses einzige und einzigartige prophetische Buch des Neuen Testamentes nicht, um es unter Verschluss zu halten. Im Gegenteil, in ihm werden die Menschen glücklich gepriesen, die »lesen und hören die Worte der Weissagung und behalten, was darin geschrieben ist« (Offb 1,3). Genau darum geht es auch in dieser Auslegung.

Ich komme aus einer pietistischen Tradition, in der zwar nie angezweifelt wurde, dass Jesus Christus wiederkommen wird, in der es darüber hinaus aber an biblischer Prophetie fast nichts zu sagen gab. Wer es trotzdem wagte, wurde schnell eines unseriösen Umgangs mit der Bibel verdächtigt. Erst bei Fritz Laubach und während meiner Zeit in Hamburg lernte ich, dass das anders ist. Auch über die Offenbarung des Johannes hinaus sind das Alte Testament und das Neue Testament voller Prophetie, und es gehört zur Stärke dieses Buches von Fritz Laubach, in vielen Querverweisen darauf hinzuweisen.

Ist es nicht eigentümlich? Obwohl nach wie vor in fast allen etablierten Kirchen Sonntag für Sonntag gemeinsam gesprochen wird: »... von dort wird er kommen, zu richten die Lebenden und die Toten«, erwecken viele Christinnen und Christen den Eindruck, als gehöre es sich für einen seriösen Christen nicht, auch diesen Satz des Glaubensbekenntnisses wörtlich zu nehmen. Wer es trotzdem tut, wird schnell verdächtigt, einer Sekte anzugehören. Es ist schon so: Worüber die Gemeinde von Jesus Christus nicht mehr zu predigen wagt, dessen bemächtigen sich die Sektierer. Ich bin überzeugt, dass uns das gerade heute nicht passieren darf. Der Rat des Petrus scheint mir aktueller denn je: »Umso fester haben wir das prophetische Wort, und ihr tut gut daran, dass ihr darauf achtet als auf ein Licht, das da scheint an einem dunklen Ort, bis der Tag anbricht und der Morgenstern aufgeht in euren Herzen« (2Petr 1,19).

Peter Strauch

Geleitwort des Verlags

Dr. Fritz Laubach ist ein Pastor und Theologe, der im Lauf seines Lebens vielfältige Wirkungskreise hatte: in der Ortsgemeinde, als Dozent und in der freikirchlichen Diakonie. Darüber hinaus ist er ein profilierter Bibelausleger. Drei Bände der Kommentarreihe »Wuppertaler Studienbibel« stammen aus seiner Feder: zum 1. Buch der Chronik, dem Propheten Sacharja und dem Hebräerbrief.

Zum Ertrag seines Lebens im Dienst der Verkündigung gehört auch die intensive Beschäftigung mit der Offenbarung des Johannes. Dieser Ertrag bildet sich im vorliegenden Band ab. Anders als bei seinen eben genannten Bibelauslegungen handelt es sich hier nicht um einen umfassenden Kommentar zu diesem biblischen Buch. Vielmehr ergibt sich ein umfassender, sachkundiger und geistlich tief blickender Gang durch das letzte Buch der Bibel – und auf diesen Gang nimmt der Autor seine Leserinnen und Leser mit.

Einzelne direkte Zitate aus anderer Literatur sind in Anmerkungen nachgewiesen.

Die verwendeten Bibelzitate stammen, soweit nicht anders angegeben, aus:

Lutherbibel, revidiert 2017 (LUT).

Zürcher Bibel 2007 (ZB).

Elberfelder Bibel 2015 (ELB).

Es wird empfohlen, vor jedem Kapitel den angegebenen Bibeltext in der Offenbarung zu lesen.

Der Verlag ist dankbar, dieses Werk eines erfahrenen Bibellehrers der »bibellesenden Gemeinde« an die Hand geben zu können.

SCM Bundes-Verlag, im Frühjahr 2019

Vorwort des Autors

Vielen Bibellesern erscheint das letzte Buch der Bibel schwer verständlich, und sie hören sehr bald auf, in der Offenbarung des Johannes zu lesen. Wir sollten jedoch bedenken, dass auch dieses Buch Gottes Wort ist. Und die Ehrfurcht vor seinem Wort sollte uns dazu anleiten, alle Bücher der Heiligen Schrift zu lesen, nicht nur diejenigen, die sich uns beim ersten Durchlesen erschließen. C.H. Spurgeon hat geschrieben: »Nicht durch hastiges Lesen, sondern durch tiefes Nachsinnen ziehen wir Nutzen aus dem Worte Gottes.« Das vorliegende Buch möchte wie ein »Leitfaden« dazu helfen, dem Leser einen Zugang zur Offenbarung des Johannes zu erschließen.

Die häufigen Angaben von Bibelstellen im Text können beim Lesen unbeachtet bleiben, um den Zusammenhang der Gedanken nicht zu unterbrechen.

Wenn Bibeltexte zitiert werden, sollen die Bibelstellen in Klammern dem interessierten Leser helfen, die entsprechenden Stellen in der Bibel zu finden. Viele Angaben weisen auf Zusammenhänge zwischen Aussagen in anderen biblischen Büchern hin, besonders im Alten Testament. Es bleibt jedem Leser überlassen, wieweit er davon Gebrauch machen möchte.

Den Anstoß, mich noch einmal ganz intensiv mit der Offenbarung des Johannes zu beschäftigen, bekam ich durch eine Anfrage des Diakonischen Werkes Bethanien. Mit eigenem inneren Gewinn habe ich versucht, eine Einführung für unsere Hausgemeinschaft in das letzte Buch der Bibel zu geben. Meinen Freunden, dem Ehepaar Sigrid und Dr. med. Peter Rieger, danke ich herzlich für ihre Hilfe bei der Erstellung des Manuskripts.

Solingen, im Frühjahr 2019

Die Offenbarung des Johannes

Offenbarung 1,1-8: Einführung in die Offenbarung

Der Text beginnt mit den Worten »Offenbarung des Jesus Christus«, griech.: Apokalypse, »Enthüllung« (vgl. 2Kor 12,1.7; Eph 3,3).

Die Apokalypse ist kein historischer Bericht wie die Evangelien und die Apostelgeschichte; sie ist auch kein Brief, an dessen Anfang Absender und Empfänger genannt werden, obwohl sie sieben Briefe enthält. Sie ist eine öffentliche Bekanntmachung, eine Proklamation Gottes. Es handelt sich um die Enthüllung zukünftiger Ereignisse, die nach Gottes Willen geschehen sollen, durch die Gottes Heilsratschluss zur Vollendung kommen wird.

Schon der erste Satz deutet auf eine Ordnung der Überlieferung. Gott der Vater hat seinen Heilsplan seinem Sohn Jesus Christus zur Durchführung übergeben.

- Jesus, der Sohn Gottes, übergibt sie einem Engel.
- Der Engel bringt sie zu Johannes.
- Johannes sendet sie in schriftlicher Form an die Ältesten von sieben Gemeinden in Kleinasien.
- Diese sollen sie an alle Gemeinden weitergeben (vgl. 1,11 und 2,29).
- Die Empfänger sind die »Knechte Gottes«, gemeint sind alle Gläubigen, denen der Satz des Apostels Paulus gilt: Ihr habt

euch bekehrt, »um dem lebendigen und wahren Gott zu dienen« (1Thess 1,9 ZB).

Gott will durch diese Botschaft die Glieder der Gemeinde Jesu auf kommende Ereignisse vorbereiten (vgl. Mt 24,25 LUT: »Siehe, ich habe es euch vorausgesagt.«).

Die Botschaft hat Eile, denn es wird »in Kürze geschehen« (1,1 ZB). Die griechischen Worte *en tachei* bedeuten: Es wird sich »rasch, ganz schnell (vgl. Apg 12,7), überraschend, in großer Geschwindigkeit« ereignen. Wenn die Ereignisse eintreten, wird keine weitere Zeit zur Verfügung stehen, sich innerlich oder äußerlich darauf vorzubereiten. Deshalb ist es notwendig zu wissen, was »in Kürze geschehen muss« (22,6 ZB; oder LUT: »was bald geschehen muss«).

Gottes Heilsplan mit all den angekündigten Katastrophen muss sich nicht zwangsläufig unabänderlich in der vorausgesagten Weise erfüllen. Auch wenn es einen göttlichen »Heilsplan« gibt, ist Gott in seiner Allmacht nicht daran gebunden; er bleibt der souveräne Herr seiner Pläne. Das »muss« in Vers 1 (ZB, ELB) ist für Gott nicht unabänderlich. Die Ankündigungen in der Offenbarung sind eine Warnung, ein Weckruf, eine Aufforderung zu Gebet und Fürbitte, auch ein Ruf zur Buße.

Jesus Christus hat in seiner Endzeitrede deutlich gemacht, dass Gott bereit ist, auf das Rufen seiner Kinder hin seinen aktuellen Plan zu ändern. Gebet kann das Geschehen beeinflussen: »Betet auch, dass ihr nicht im Winter oder an einem Sabbat fliehen müsst« (Mt 24,20 NGÜ). Gott kann den Ablauf der Zeiten ändern: »Und wenn jene Tage nicht verkürzt würden, so würde kein Mensch gerettet werden« (Mt 24,22 LUT). Gott kann das angekündigte Gericht verschieben (Jona 3,4.10). Jona weissagte gegen Ninive um ca. 750 v.Chr. Weil die Generation des Jona sich bekehrte, traf das Gericht erst später ein: Ninive wurde 612 v.Chr.

erobert und zerstört. Und Gott kann ein angekündigtes Gericht aufheben (2Sam 24,16; Jer 18,8; Amos 7,1-6).

Gegenüber Jesus Christus, dem Urheber der Offenbarung, tritt Johannes mit seiner Person völlig zurück. Was seinen Bericht glaubwürdig macht, ist die Treue, mit der er als Apostel Gottes Wort verkündete, »bezeugte«, und mit der er das, was er mit Jesus erlebt und von ihm gehört hat, »das Zeugnis von Jesus Christus, alles, was er gesehen hat« (1,2 LUT), in seinem Evangelium aufzeichnete.

Als Johannes mit der Aufzeichnung dessen beginnt, was er gesehen und gehört hat, klingen in ihm noch die Worte nach, die ihm der Engel, der ihn »am Tag des Herrn« (1,10 LUT) begleitet hat, als Letztes mit auf den Weg gegeben hat (22,6-7). Es war eine Seligpreisung, die der erhöhte Herr Jesus Christus dem Engel aufgetragen hatte. Johannes wendet dieses Wort jetzt auf seine Leser an: »Selig ist, der da liest und die da hören die Worte der Weissagung und behalten, was darin geschrieben ist; denn die Zeit ist nahe« (1,3 LUT). Die Worte sind geradezu eine Einladung, Gottes Segen zu empfangen. Jesus, der verherrlichte Sohn Gottes, preist die Menschen glücklich, die sich der Proklamation Gottes, dem prophetischen Wort, mit ungeteilter Aufmerksamkeit zuwenden.

Die Gemeinde der Glaubenden ist angesprochen: der, der Gottes Wort liest und vorliest, und die, die zuhören und das Wort aufnehmen. Sowenig es mit einem einmaligen Lesen getan ist, ebenso wenig mit dem einmaligen Hören. Es geht darum, sich intensiv mit dem Wort zu beschäftigen, es zu bewahren, dass es seine lebensgestaltende Wirkung entfalten kann. Der erhöhte Herr wiederholt, was er auf Erden seinen Hörern gesagt hat: »Selig sind, die das Wort Gottes hören und bewahren« (Lk 11,28 LUT). Die Zeit, in der die Prophetie eintrifft, steht nahe bevor. Die Erfüllung beginnt in der Zeit des Johannes und schreitet von da an fort. Sie wird sich in Intervallen und ständig stärkeren Wellen immer weiter ausbreiten, bis zu dem von Gott bestimmten Ziel und Ende.

Der schriftliche Bericht über die Offenbarung soll, dem Befehl Jesu entsprechend (1,11), zunächst an sieben Gemeinden in der römischen Provinz Asien gelangen, die Jesus namentlich benannt hat. Johannes nutzt die Gelegenheit, um – dem Bericht vorangestellt – die Gläubigen in apostolischer Weise zu grüßen. So haben es auch seine Mit-Apostel Paulus und Petrus getan. Dabei tritt zutage, was Johannes selber nach dem Empfang der Offenbarung zutiefst innerlich bewegt (1,4-6). Er spricht den Christen die wichtigsten Gaben in Form eines Segenswunsches zu, auf denen wie auf einem Fundament das Leben jeder Gemeinde aufbaut: Gnade und Frieden.

Gnade ist die unverdiente Zuwendung Gottes zu den Menschen, in der er das Verdammungsurteil außer Kraft setzt (Röm 8,1). Jeder, der sich ihm anvertraut und seine Sünden vor Gott bekennt, empfängt totale Vergebung. Damit verwandelt sich das Gegeneinander in der Beziehung der Menschen zu Gott in ein Miteinander. Der mit Gott versöhnte Mensch (2Kor 5,17-21) lebt im Frieden mit Gott (Röm 5,1), in einem bisher nicht gekannten Dauerzustand, einer unsichtbaren Realität. Beide, Gnade und Frieden, sind unlösbar miteinander verbunden. Es sind Geschenke, Gaben Gottes, die nicht durch menschliche Leistungen erworben werden können.

Johannes lenkt die Gedanken der Empfänger seines Schreibens von den geistlichen Gaben auf den Geber, den dreieinen Gott, um sie mit dem Hinweis auf das Wunder und die Wirkung der Liebe Jesu zur Anbetung zu führen (1,4-6).

Gott der Vater, »der ist und der war und der kommt«, ist der alleinige ewige Gott (1,8 ELB; 4,8; 11,17; 16,5). Mit dem gleichbedeutenden Namen »Ich werde sein, der ich sein werde« hat er sich Mose bekannt gemacht (2Mo 3,14-15). Und als der, der auch in alle Zukunft unveränderlich sein wird, hat er sich dem Propheten Jesaja offenbart (Jes 41,4 vgl. Ps 90,2).

Gnade und Frieden sind Gaben Gottes, die dem Menschen durch Gottes Geist vermittelt werden. Überraschend gebraucht Johannes für den Heiligen Geist die Formulierung »von den sieben Geistern, die vor seinem Thron sind« (1,4 LUT). Wie die Zahl Zwölf ist die Zahl Sieben schon im Alten Testament Ausdruck der Vollkommenheit: sieben Schöpfungstage (1Mo 2,2; 2Mo 20,11); der siebenarmige Leuchter (2Mo 25,31.37); Gott hat für den kommenden Messias verheißen, ihm die Fülle des Heiligen Geistes zu geben, die siebenfach entfaltet wird (Jes 11,2); sieben Augen auf dem einen Stein als Zeichen der Allwissenheit und Vollkommenheit des Messias (Sach 3,9 vgl. Offb 5,6). Die sieben Geister vor Gottes Thron deuten auf die Fülle und Vollkommenheit des Heiligen Geistes, der aber nicht unabhängig von Gott wirkt. Er ist nicht auf dem Thron, sondern *vor* dem Thron. Gott der Vater und der Sohn entscheiden über sein Wirken (Joh 14,16.26; 16,7).

Alle weiteren Aussagen konzentrieren sich auf den Sohn, auf Jesus Christus. Als Zeuge für die Wahrheit Gottes hat Christus die messianischen Verheißungen erfüllt (Ps 89,28; Jes 50,6; 53,5-6; 55,4) und dafür sein Leben am Kreuz von Golgatha Gott zum Opfer gebracht. Als »der Erstgeborene von den Toten« ist er der Weltherrscher, der »Fürst der Könige auf Erden« (1,5 LUT). Darum zielen alle Worte der nun folgenden Anbetung auf die alles überragende Person des Sohnes Gottes. Hier schließt Johannes sich zusammen mit allen Empfängern der Offenbarung. Grund der Anbetung ist die unbegreifliche Liebe Jesu, »der *uns* liebt« (1,5 LUT), der stellvertretend für uns sein Leben gab (vgl. Röm 5,8; Gal 2,20). Er hat sein Blut für uns vergossen. Damit hat er die Voraussetzung dafür geschaffen, dass jeder, der im Vertrauen auf Jesus sein Opfer für sich annimmt, Vergebung aller seiner Sünden erfährt (Eph 1,7; 1Joh 1,7-9). Mit der Vergebung der Sünden erhält der Glaubende zugleich eine neue Lebens- und Wesensbestimmung (Röm 14,8; 2Kor 5,17): Er hat »uns zu einem Königreich gemacht, zu Priestern vor Gott und seinem Vater« (1,6 LUT). Jesus Christus hat die Glaubenden in den Stand von Königen und Priestern versetzt.

Das biblische Leitbild für Königsherrschaft und Priestertum findet sich im Alten Testament. Ursprünglich sollte in Israel beides vereint sein (2Mo 19,5-6). Weil die Voraussetzungen dafür nicht gegeben waren, wurde das Priestertum dem Stamm Levi anvertraut (4Mo 1,48-53; 3,12; 18,1-7). Gott aber wollte selber König seines Volkes sein. Als Israel für sich einen König forderte, »wie ihn alle Völker haben« (1Sam 8,5 LUT), verwarf es damit das Königsein Gottes (1Sam 8,7; 12,12-14). Die Könige, die in der Folgezeit Israel regierten, sollten nach Gottes Anordnung als Gottes Statthalter seine Rechtsordnungen durchsetzen (Ps 72,1).

Der Dienst jedes Königs sollte am Wort Gottes ausgerichtet sein: Er soll »eine Abschrift dieses Gesetzes, wie es den levitischen Priestern vorliegt, in ein Buch schreiben lassen. Das soll bei ihm sein, und er soll darin lesen sein Leben lang, damit er den HERRN, seinen Gott, fürchten lernt« (5Mo 17,18-19 LUT). Auf diese Weise sollte er seinem Volk dienen.

Die Priester sollten in gleicher Weise mit dem Wort Gottes vertraut sein, denn sie sollten das Volk darin unterweisen (3Mo 10,10-11; 5Mo 24,8; 33,10; 2Chr 15,3; 17,8-9; 35,3; Hes 44,23; Mal 2,7). Auch hatten sie das Vorrecht, den Opferdienst im Heiligtum zu verrichten. Dienen in Gottes Nähe verpflichtete sie zugleich zu einem geheiligten Leben nach den Ordnungen, die Gott für sie im Alten Bund vorgesehen hatte (vgl. 3Mo 21). Außerdem hatte der Stamm Levi und in ihm die Priesterschaft in Israel kein Erbrecht; sie sollten keinen vererbbaren Grundbesitz haben. Dies bedeutete keine Benachteiligung, sondern eine ungewöhnliche Auszeichnung. Gott hatte ihnen zugesagt: »Ich bin dein Anteil und dein Erbteil inmitten der Israeliten« (4Mo 18,20 LUT, vgl. 5Mo 10,9; 18,1-2). Sie sollten sich nicht an irdischen Besitz binden, sondern der besonderen Fürsorge Gottes und der Teilhabe an seiner Herrlichkeit sicher sein.

Was in Israel nicht möglich war, die Einheit von Königtum und Priestertum in einer Person, ist in Jesus Christus Wirklichkeit geworden (Hebr 4,14; Offb 1,5). Das ist zugleich die Bestimmung Gottes für die Gläubigen: »Ihr aber seid ein auserwähltes Geschlecht, ein königliches Priestertum, ein heiliges Volk« (1Petr 2,9 LUT), Gottes eigenes Volk. Diese Berufung verpflichtet die Gläubigen, als geheiligte Menschen immer wieder die Nähe des Herrn zu suchen und seine Ordnungen im alltäglichen Leben umzusetzen.

Unter dem Eindruck des Geschehens in der Offenbarung möchte Johannes die Gemeindeglieder anleiten, sich in der Anbetung allein Gott in seiner Herrlichkeit und Allmacht zuzuwenden, seine Größe und Majestät zu preisen und so teilzuhaben an der ewigen Anbetung in der himmlischen Welt. Ihm »sei Ehre und Gewalt von Ewigkeit zu Ewigkeit« (1,6 LUT).

Den Segen, den er für die Gemeinde erbittet (1,4-6), bekräftigt er mit Worten der Heiligen Schrift (1,7-8).

Schon Jahrhunderte zuvor hatte der Prophet Sacharja auf das zweite Kommen des Messias hingewiesen (Sach 12,10; 14,3-5). »Siehe, er kommt mit den Wolken ...« (1,7 LUT). Johannes wird sich daran erinnert haben, dass Jesus in seiner Endzeitrede auf dem Ölberg seine Wiederkunft mit ähnlichen Worten angekündigt hat: »Sie werden den Menschensohn auf den Wolken des Himmels kommen sehen mit großer Macht und Herrlichkeit« (Mt 24,30 ZB). Auch wenn die Erfüllung dieser Verheißung noch aussteht, ist sie für Johannes unumstößlich sicher, und er bestätigt sie zweifach: »Ja, Amen!« (1,7 LUT). Er verbürgt sich mit der

Begründung, dass der Kommende am Anfang und Ende der Heilsgeschichte steht, der »ist und der war und der kommt, der Allmächtige« (1,4.8 ELB).

Offenbarung 1,9-20: Die Beauftragung des Johannes und die Erscheinung des erhöhten Christus

In äußerster Kürze berichtet Johannes den Gemeinden, wie es dazu kam, dass er zum Überbringer der Offenbarung berufen wurde. Dabei tritt er mit seiner Person völlig in den Hintergrund. Er nennt seinen Namen, ohne seine Berufung zum Apostel zu erwähnen. Nicht sein Aufenthalt auf Patmos, der Insel der Verbannten, von denen viele während ihrer Haftzeit exekutiert wurden, ist ihm wichtig. Er denkt an die Gemeinden in der römischen Provinz Asien. Als ihr »Bruder« nimmt er Anteil an ihrer »Bedrängnis« (1,9 LUT) – Verfolgung, Unterdrückung, Bedrohung mit dem Tod (2Kor 4,9-11). Johannes und die Empfänger seines Schreibens stehen in gleichem Maß unter staatlichem Druck, »um des Wortes Gottes und des Zeugnisses Jesu willen« (1,9 LUT). Sie halten unbeirrbar daran fest, dass das Alte Testament und die apostolischen Schriften Gottes Wort und für sie Richtschnur für die Lebensgestaltung sind. Auch erkennen sie nicht den Kaiser als göttliche Autorität an, sondern bekennen sich zu Jesus als dem Herrn, dem *Kyrios*. Einfach gesagt: Weil sie die Bibel lesen und zu Jesus beten, kommen sie in Konflikt mit dem Staat. Nicht nur die äußeren Nöte verbinden Johannes und die Gemeinden, sondern auch die Gewissheit, dass sie Heimatrecht bei Gott haben, Anteil am Königreich Jesu Christi und dass sie eins sind im geduldigen Warten auf die Wiederkunft Jesu (vgl. 3,10). Er ist ihr »Mitgenosse ... am Reich und an der Geduld in Jesus« (1,9 LUT).

Er fügt eine kurze Mitteilung an: Es geschah am »Tag des

Herrn« (1,10 LUT), an einem Tag, an dem sich die Gemeinden zum Gottesdienst versammelten (Apg 20,7; 1Kor 16,2). Abgeschnitten vom Leben der Christen in Ephesus und Kleinasien, in erzwungener Einsamkeit, kommt der auferstandene Herr Jesus Christus seinem Jünger ganz besonders nahe. Er war »im Geist« (1,10 ELB), erfüllt vom Heiligen Geist in die himmlische Welt versetzt, die unsichtbare Wirklichkeit des Heiligen Geistes umgab ihn. Da hörte er plötzlich eine laute Stimme, so ungewöhnlich laut, als würde hinter ihm ein mächtiger Posaunenton hörbar. Und er hört den Befehl: »Was du siehst, das schreibe in ein Buch«! Als Adressaten wurden ihm sieben Gemeinden in Kleinasien genannt (1,11 LUT). Als er sich umschaut, sieht er hinter sich eine unbekannte Gestalt im überirdischen Licht.

Nur wenige Augenblicke sind es, in denen er die Person wahrnimmt, die ihm den Befehl erteilt hat. Sie erinnert ihn sogleich an die Worte, mit denen der Prophet Daniel den himmlischen »Menschensohn« (Dan 7,13 EÜ) beschrieben hat, der von Gott das ewige Reich empfängt, mehr noch an seine Beschreibung des Boten Gottes, den Daniel am Fluss Tigris gesehen hatte (Dan 10,5-6). Alle Einzelheiten am »Menschensohn«, der jetzt vor Johannes steht, haben sich ihm eingeprägt, aber bei der Beschreibung muss er immer wieder nach ihm vertrauten Vergleichen, besonders aus dem Alten Testament, suchen, um die Person angemessen zu schildern (1,12-16).

Er sieht einen Leuchterständer mit sieben goldenen Öllampen, der dem siebenarmigen Leuchter im Tempel ähnlich ist. Mitten vor dem Leuchter steht der »Menschensohn«, bekleidet mit einem Obergewand, das der Hohepriester am großen Versöhnungstag trug (2Mo 28,31; 3Mo 16,4). Umgürtet ist er in Brusthöhe, nicht mit einem bunt gewirkten Gürtel, wie es für die Priester vorgeschrieben war (2Mo 28,4-5.39), sondern mit einem Gürtel aus Gold, einem Zeichen königlicher Würde. Strahlendes, helles Licht umgibt den Kopf der Person, die mit durchdringendem Blick »wie eine Feuerflamme« (1,14 LUT) Johannes anschaut. Unter dem langen Obergewand schauen die Füße hervor, aber sie sehen aus »wie Golderz, das im Schmelzofen glüht« (1,15 EÜ), und die Stimme ähnelt starkem Wasserrauschen. In der rechten Hand dieses »Menschensohnes« sieht er sieben Sterne, und aus dem Mund sieht er ein zweischneidiges Schwert kommen. Johannes weiß, dass der Prophet Jesaja dieses Bild als Wort des erwarteten Messias niedergeschrieben hat: »Er hat meinen Mund wie ein scharfes Schwert gemacht« (Jes 49,2 LUT). Nicht nur das strahlende Antlitz, sondern die ganze Erscheinung lässt Johannes an die Worte der Debora denken: »wie die Sonne aufgeht in ihrer Pracht« (Ri 5,31 LUT).

Das alles hat sich Johannes in wenigen Augenblicken eingeprägt, ohne dass er dafür eine Erklärung hat. Die laute Stimme hinter sich hat ihn erschreckt, und die himmlische Person, die er dann sieht, ist ihm so fremd und furchterregend, dass er ohnmächtig, »wie tot« (1,17 LUT) zu Boden fällt. Da spürte er, wie sich eine Hand auf ihn legte, und er hörte ihm vertraute Worte: »Fürchte dich nicht!« Das war die Stimme Jesu. Wie manches Mal hatte Jesus, als er mit seinen Jüngern im Heiligen Land unterwegs war, das zu ihnen gesagt. Auch auf dem »Berg der Verklärung«, als er plötzlich in himmlischem Licht vor ihnen stand (Mt 17,2.7). An seinen Worten erkannte Johannes den »Menschensohn«; niemand anderen als Jesus, den Christus: der Messias Israels, Gott von Ewigkeit zu Ewigkeit, gekreuzigt und auferstanden, über den der Tod keine Macht hat (vgl. Röm 6,9), dem alle Macht im Himmel und auf Erden gegeben ist (Mt 28,18).

Der Herr wiederholt, was er Johannes bereits in 1,11 (»... schreibe in ein Buch« LUT) befohlen hatte: »Schreibe« (1,19 LUT)! Johannes soll dokumentieren, was ihm in Visionen offenbart wird, was ihm über den Zustand der Gemeinden mitgeteilt wird, »was ist« (1,19 LUT) und was er über den zukünftigen Lauf der Welt- und Heilsgeschichte erfahren wird »und was künftig geschehen soll« (1,19 BRUNS).

Und Jesus Christus erklärt ihm einen Teil des bereits Geschauten: die Bilder von den sieben Sternen in seiner rechten Hand und die sieben goldenen Lampen. Beide Bilder umschließen ein Geheimnis (1,20), das nicht mit der Kraft menschlicher Vernunft, sondern nur durch Mitteilung eines Eingeweihten, hier durch den Herrn selbst, erschlossen werden kann. Hier gibt der verherrlichte Herr autoritativ die einzig mögliche verbindliche Erklärung.

»Die sieben Sterne sind Engel der sieben Gemeinden« (1,20 LUT) – also auf jeden Fall personale Wesen. Das hebräische Grundwort für »Engel« wird im Alten Testament auch für Menschen gebraucht, die Gott als seine Boten beruft (Jes 44,26); namentlich wird der Prophet Haggai so bezeichnet (Hag 1,13) und ebenso die Priester (Mal 2,7). Die griechische Übersetzung gebraucht überall das Wort *angelos*, »Engel« oder »Bote«. Der Prophet Daniel erfuhr, dass Israel, Persien und Griechenland unter der Aufsicht von Engelfürsten stehen (Dan 7,16; 8,15ff; 9,21; 10,5-6; 10,13-11,1; 12,1). Im Neuen Testament aber findet sich kein Hinweis, dass örtliche Gemeinden der Gläubigen von Engeln geleitet werden, die dafür zur Verantwortung gezogen werden können. Mit den Worten »Engel der sieben Gemeinden« sind wahrscheinlich Älteste, Vorsteher der Gemeinden, auf jeden Fall Männer in Leitungsverantwortung gemeint.

Offenbarung 2–3: Sieben Briefe an Gemeinden in Kleinasien

Es war das erste Wort, das Christus an Johannes richtete: »Was du siehst, das schreibe in ein Buch und sende es an die sieben Gemeinden« (1,11 LUT). Als kurz danach der Herr den Auftrag für Johannes wiederholte, erweiterte er ihn: »Schreibe, was du gesehen hast und was ist und was geschehen soll danach« (1,19 LUT).

Bevor Johannes zukünftige Ereignisse – »was geschehen soll danach« – offenbart werden, diktiert der Herr ihm sieben Briefe an Gemeinden, deren Orte er zuvor bereits genannt hat (1,11). In diesen Briefen geht es um eine Art Bestandsaufnahme des geistlichen Lebens, um das, »was ist« (1,19 LUT). Was Christus diktiert, soll gleichzeitig dazu dienen, den Alltag des Glaubens ganz nach seinem Willen zu gestalten. Ein Leben in der Heiligung ist Voraussetzung dafür, den Blick für zukünftiges Geschehen, für das prophetische Wort, zu gewinnen. Es kann davor bewahren, in unbiblische Spekulationen über die Endzeit zu geraten. Die Briefe richten sich an sehr verschiedene Gemeinden in unterschiedlichen Situationen, jeweils an den Ältesten, »den Engel«, adressiert. Aber der Schluss jedes Briefes: »Wer Ohren hat, der höre, was der Geist den Gemeinden sagt« (2,7 LUT u.a.), macht deutlich, dass diese Briefe – wie auch die Offenbarung als Ganzes – für alle Gemeinden des Jesus Christus auch in kommenden Generationen bestimmt sind.

In den Briefen geht es um Leitlinien, die die Gemeinden auf

die Ereignisse in der Endzeit vorbereiten sollen. Für Johannes und die Gemeinden ist es wichtig, dass es zunächst auf die Bewährung des Glaubens im Alltag ankommt, um gelebte Nachfolge Jesu. Erst danach weitet sich der Blick auf das Geschehen im Himmel und auf die endzeitlichen Entwicklungen in der Welt. Es fällt auf, dass der erhöhte Herr als Absender sich nicht mit seinem Namen nennt. Er macht sich den Gemeinden bekannt, indem er auf Kennzeichen seiner Erscheinung vor Johannes hinweist. Nur bei den letzten beiden Briefen an die Gemeinden in Philadelphia und Laodizea stellt er sich mit Gottesbezeichnungen aus dem Alten Testament vor. Gerade darin entfaltet sich die Fülle göttlichen Seins, der unerschöpfliche Reichtum göttlichen Lebens in seiner Person (vgl. Kol 1,19; 2,9). Durch die Autorität Gottes, die dem Absender eigen ist, erhalten die Briefe ihr geistliches Gewicht.

Jesus Christus, der erhöhte Herr, ist »der Erste und der Letzte, der tot war und ist lebendig geworden« (2,8 LUT). Mit den Worten »der Erste und der Letzte« bezieht er eine zentrale Gottesoffenbarung des Alten Testaments auf sich (Jes 41,4; 48,12-13). Er ist es, der alles Leben ins Dasein ruft. Wie er Schöpfer des Universums ist (Jes 40,26), so wird er auch der Weltvollender sein. Er ist »der Anfang der Schöpfung Gottes« (3,14 LUT), als »Sohn Gottes« (2,18 LUT) auch der »treue und wahrhaftige Zeuge« (3,14 LUT). Er hat freiwillig die Herrlichkeit Gottes verlassen, ist Mensch geworden und hat mit seinem Leben und Sterben und seiner Auferstehung die messianischen Verheißungen des Alten Testamentes erfüllt. So hat er die Zuverlässigkeit des Wortes Gottes bezeugt. Und darum trifft auf ihn der Gottesname »Amen« zu (3,14 LUT), dessen Wort »gewiss« ist, der darum »Gott des Amen« heißt (Jes 65,16 EÜ).

In Jesus Christus wohnt die Fülle des Heiligen Geistes leibhaftig, er »hat die sieben Geister Gottes« (3,1 LUT vgl. 1,4). Zugleich hat er »das scharfe, zweischneidige Schwert« (2,12 LUT; vgl. 1,16), er verkörpert Gottes richtendes und rettendes Wort (vgl. Mt 5,17-18; Joh 1,14; 8,26; Hebr 4,12).

Seit der Zeit Davids hat es offenbar am Hof der Könige Israels in Jerusalem das Amt eines Hofmeisters gegeben, der »die Schlüssel des Hauses Davids« und damit Zutritt zu allen königlichen Gemächern hatte (Jes 22,22 LUT). Er konnte die Räume betreten, wann er wollte, konnte jeden hereinlassen, aber auch die Türen vor jedermann verschließen. An diesen Vorgang erinnert Jesus Christus in einem Bildwort: Er »hat den Schlüssel Davids, der auftut, und niemand schließt zu, und der zuschließt, und niemand tut auf« (3,7 LUT). Der auferstandene Sohn Gottes hat Zugang zu allen Räumen in der sichtbaren und unsichtbaren Welt, auch zum Reich des Todes (1,18; 1Petr 3,19).

Dieser heilige Herr und Gott ist nicht nur in der Herrlichkeit Gottes, sondern zugleich bei seiner Gemeinde auf Erden gegenwärtig, er »wandelt mitten unter den sieben goldenen Leuchtern« (2,1 LUT; vgl. 1,20). Seine Zusage gilt zu allen Zeiten und an allen Orten: »Wo zwei oder drei versammelt sind in meinem Namen, da bin ich mitten unter ihnen« (Mt 18,20 LUT). Seine Gegenwart im Heiligen Geist soll die Gläubigen für ihren Weg ihm nach stärken. Als der Gute Hirte schaut er nach seiner Herde. Er kann sagen: »Ich kenne deine Werke ... Ich weiß, wo du wohnst« (2,2.13 LUT). Er sorgt für sie alle, besonders für die, denen er Verantwortung in seiner Gemeinde übertragen hat. Das bezeugt er mit den Worten: »Die sieben Sterne sind Engel der sieben Gemeinden.« Und er »hält die sieben Sterne in seiner Rechten« (1,20; 2,1 LUT). Alle, die eine besondere Aufgabe in einer Gemeinde haben, hier die Ältesten, die er »Engel« nennt, sind fest in seiner Hand. Es ist die Hand, die bei der Kreuzigung durchbohrt wurde, von der er sagt: »Niemand wird sie aus meiner Hand reißen« (Joh 10,28 LUT).

Vor Jesus Christus ist nichts verborgen. Mit seinen »Augen ...

wie Feuerflammen« (2,18 LUT) sieht er nicht nur alles echte Bemühen der Gläubigen und allen Einsatz, seinem Wort entsprechend zu leben und seine Liebe an die Mitmenschen weiterzugeben. Er sieht auch die Defizite im Gemeindeleben und tadelt: »Aber ich habe gegen dich« (2,4.20 LUT). Und er zeigt die Gefahren auf, denen die Gemeinden immer wieder, und vermehrt in der Endzeit, ausgesetzt sein werden.

Als Jesus mit den Aposteln zusammen war, hat er sie darauf vorbereitet, dass es äußere Bedrängnis geben wird, wenn sie ihm nachfolgen: Sie werden Hass (Mt 24,9; Joh 15,18), Verfolgung (Joh 15,20), Gefängnishaft (Mt 24,9) und schließlich Martyrium (Lk 21,16; Joh 16,2) erleiden. Und er hat mit ihnen über die Gefahr des Abfalls vom Glauben gesprochen (Mt 13,21; Joh 16,1-2). Auch die Gemeinden, an die Johannes schreibt, erleben Druck von außen. Deshalb lässt er ihnen mitteilen: »Ich kenne deine Bedrängnis ... und die Lästerung von denen, die sagen, sie seien Juden ... der Teufel wird einige von euch ins Gefängnis werfen« (2,9-10 LUT). »... du hältst an meinem Namen fest und hast den Glauben an mich nicht verleugnet, als Antipas, mein treuer Zeuge, bei euch getötet wurde« (2,13 LUT). Der Druck von außen auf die Gemeinden kann für den Glauben zu einer ernsten Gefahr werden. Aber offenbar hat der Herr die Gefahren, die in den Gemeinden selbst entstehen, als viel bedrohlicher angesehen, da er ihnen in den Briefen mehr Raum gibt.

Der Gemeinde in Ephesus attestiert der Herr ein geradezu vorbildliches Gemeindeleben, doch er hält ihr vor: »Aber ich habe gegen dich, dass du deine erste Liebe verlassen hast« (2,4 LUT). Offensichtlich hat sich bei dem enormen Einsatz und der Vielzahl an Aktivitäten in der Gemeinde die Rangfolge des Wichtigen verändert. Es scheint so, als hätten bei vielen Gemeindegliedern die äußeren Aktivitäten, die zur Gestaltung des Gemeindelebens dazugehören, die verborgene Gemeinschaft mit dem Herrn verdrängt. Auf der Prioritätenliste Gottes steht die Liebe zu ihm an erster Stelle. Für diese Liebe gibt es keinen Ersatz (5Mo 6,4-5; Mt 22,37; Joh 21,15-17). Darum mahnt der Herr »die ersten Werke« (2,5 LUT) an. Ausdruck lebendigen Glaubens, der Liebe zu Jesus, war bei den ersten Christen nicht ein Tun, sondern das Verlangen nach Gottes Wort und der Wunsch, allein und gemeinsam im Gebet mit Gott zu sprechen. Sichtbares Zeichen der Gemeinschaft mit Gott und untereinander war die Mahlfeier, das »Brotbrechen«, die immer neue Erinnerung an das allgenugsame, stellvertretende Opfer Jesu am Kreuz von Golgatha (Apg 2,42.46 LUT). Wo der Hunger nach Gottes Wort schwindet und das Bedürfnis, mit Gott zu sprechen, fehlt, stirbt das geistliche Leben.

Schon in seiner in die Zukunft weisenden Rede auf dem Ölberg hatte Jesus seine Jünger gewarnt: »Und es werden sich viele falsche Propheten erheben und werden viele verführen« (Mt 24,11 LUT). Der Weg der Gemeinde wird allezeit von der Gefahr begleitet sein, dass Christen durch falsche Lehre vom Glauben abfallen (1Tim 4,1; 2Tim 2,18). Der erhöhte Herr warnt durch Johannes die Gemeinden: Ich habe »gegen dich: Du hast Leute dort, die sich an die Lehre Bileams halten ...« (2,14 LUT), und »ich habe gegen dich, dass du Isebel duldest, die Frau, die sagt, sie sei eine Prophetin, und lehrt und verführt meine Knechte, Hurerei zu treiben und Götzenopfer zu essen« (2,20 LUT).

Der Tadel gilt zuerst Ältesten in den Gemeinden, die in falsch verstandener Rücksichtnahme auf redebegabte Gemeindeglieder dulden, dass sie falsche Lehren verkündigen. Durch Toleranz gegenüber Irrlehrern machen sie sich selbst schuldig vor Gott. Denn durch unbiblische Lehren werden Christen, die im Glauben noch ungefestigt sind, verunsichert. Sie werden verführt, sich in ihrer Lebensführung den heidnischen Gewohnheiten in ihrer Umgebung anzupassen.

Nicht nur die Ältesten sind hier gefordert, sondern alle Gemeindeglieder sind aufgefordert, nach den Worten des Apostels Paulus zu handeln: »Auch von den Propheten lasst zwei oder drei reden, und die andern lasst darüber urteilen« (1Kor 14,29 LUT). Maßstab zur Beurteilung der Verkündigung ist allein Gottes Wort, das setzt aber eine gründliche Kenntnis voraus.

Die Stichwörter »Götzenopfer« und »Hurerei« sind wie Eckpunkte, die beispielhaft falsche Lehre kennzeichnen. Die Teilnahme am heidnischen Gottesdienst ist ein Verstoß gegen das erste Gebot: »Du sollst keine anderen Götter haben neben mir« (2Mo 20,3 LUT). Und das Wort »Hurerei« – im Alten Testament ein Bildwort für Götzendienst, den Abfall von Gott, den Bruch der Treue ihm gegenüber (vgl. Hes 16,15-43) – ist sicher wörtlich zu verstehen. Die ursprünglich gute Gabe Gottes, die Sexualität als Ausdruck liebender Verbundenheit zwischen Mann und Frau in der Ehe, wird pervertiert. Hurerei und Götzendienst lagen oft dicht beieinander, bekamen in der Tempelprostitution ihre kultische Legitimierung. Eine falsche Lehre, die heidnische Praktiken verharmloste, geradezu einen Freibrief dafür ausstellte, verleitete zur Sünde. Der einfältige, wörtliche Gehorsam gegenüber dem Wort Gottes wurde aufgekündigt. Falsche Lehre, die zu einem Leben im Gegensatz zu Gottes Ordnungen führt, steht unter dem Nein Gottes und darf in einer Gemeinde nicht geduldet werden.

Der Apostel Paulus hat die Christen ermahnt: »Darum, wer meint, er stehe, soll zusehen, dass er nicht falle« (1Kor 10,12 LUT). Eine Art kritischer Selbstprüfung des einzelnen Gläubigen und auch ganzer Gemeinden kann vor der Gefahr falscher Zufriedenheit mit dem eigenen Glaubensleben bewahren. Für die eigene Einschätzung: »Ich bin reich und habe mehr als genug und brauche nichts«, hat der Herr nur das Urteil: Ich werde »dich ausspeien aus meinem Munde« (3,16-17 LUT).

So unterschiedlich die sieben Gemeinden sind, an die Johannes die Briefe sendet, so verschieden sind auch die Gefahren, denen sie ausgesetzt sind. Das gilt für alle Gemeinden zu allen Zeiten bis in die »Endzeit« hinein, nur dass nicht alle Gemeinden in gleichem Maß betroffen sein werden. Von den sieben Gemeinden, an die die Briefe gerichtet sind, werden nur fünf getadelt und zur Buße gerufen. In den Augen des Herrn und nach seinen Worten sind alle Gemeinden, auch die, die am schärfsten zurechtgewiesen werden, »Gemeinde Jesu Christi« um derer willen, die treu den Glaubensweg gehen (2,24; 3,4).

Um den Gemeinden zu helfen, auf dem rechten Weg zu bleiben, gibt der Herr ihnen keine Anweisungen für eine »geistliche Kampfführung«. Vielmehr ermutigt er sie zum »Überwinden«, in der Anfechtung den Sieg zu behalten, fest bei Jesus zu bleiben – wie er überwunden hat (3,21; vgl. Joh 16,33). Er stärkt sie im Glauben, indem er durch seine Verheißungen ihren Blick auf die Herrlichkeit bei Gott richtet, zu der sie berufen sind. In Bildern und Vergleichen wird den Glaubenden zugesprochen, was sie in der Ewigkeit erwartet. Der erhöhte Herr bestätigt damit noch einmal, was er bereits auf Erden seinen Jüngern verkündigt hat. Die »weißen Gewänder« (3,5 EÜ) und der »weiße Stein« (2,17 ELB) sind Zeichen für die empfangene Vergebung der Schuld und den Freispruch im göttlichen Gericht (vgl. Joh 5,24; Röm 5,1). Was die Menschen am Anfang ihrer Geschichte durch ihren Ungehorsam Gott gegenüber verloren haben, wird Jesus dem, der ihm nachfolgt, in der Herrlichkeit geben. »Dem will ich zu essen geben von dem Baum des Lebens, der im Paradies Gottes ist« (2,7 LUT) und »dem will ich geben von dem verborgenen Manna« (2,17 LUT). Das sind Hinweise auf die vollkommene Gemeinschaft mit Gott unter dem Zeichen der Mahlgemeinschaft (vgl. Mt 26,29; Joh 6,32-35). Und Jesus Christus will die ehren, die ihm auf Erden gedient haben: »Wer überwindet, dem will ich geben, mit mir auf meinem Thron zu sitzen, wie auch ich überwunden habe und mich gesetzt habe mit meinem Vater auf seinen Thron« (3,21

LUT; vgl. Lk 22,28-30; Joh 12,26). Was die Gläubigen empfangen werden, ist kein Lohn für ihre Treue, auf den sie einen Anspruch haben, sondern es sind Geschenke aus der Hand ihres Herrn. Sie sollen dazu ermutigen, in allen Nöten auf das Ziel ihres Weges zu sehen.

Offenbarung 4 und 5: Im Thronsaal Gottes

Johannes hat zuerst *gehört*, was der erhöhte Herr Jesus Christus ihm diktiert hat. Jetzt *sieht* er: Die unsichtbare Welt der Herrlichkeit Gottes tut sich vor ihm auf, »eine Tür war aufgetan im Himmel« (4,1 LUT). Während der Wüstenwanderung Israels hat Gott »die Türen des Himmels geöffnet« (Ps 78,23 ELB) und seinem Volk »Himmelsgetreide ... Brot der Starken« (Ps 78,24-25 ELB) gegeben. In der Stunde des Märtyrertodes sah Stephanus den Himmel geöffnet (Apg 7,56); und Petrus sah aus dem geöffneten Himmel das Tuch mit den Tieren herabkommen (Apg 10,11).

Johannes hörte wieder die Stimme des erhöhten Herrn, des Menschensohnes (1,13): »Komm hier herauf!« (4,1 ELB). Er wird in die Dimension der göttlichen Wirklichkeit hineingenommen. Was schon inhaltlich angedeutet war (1,19), wird noch einmal bestätigt.

»Was nach diesem geschehen muss« (4,1 ELB). Bevor ihm Zukünftiges mitgeteilt wird, wird ihm ein Blick in den Thronsaal Gottes gewährt. Für eine solche Erfahrung bedarf es besonderer Ausrüstung durch Gottes Geist. Ein Wort des erhöhten Herrn bewirkt diese Veränderung. Er »war ... im Geist« (4,2 ELB). Völlig überrascht – »siehe« (4,2 ELB) – schaut er Gottes Thron. Er sieht den, der auf dem Thron sitzt, aber er beschreibt ihn nicht. Gott lässt sich nicht beschreiben, hier versagen menschliche Worte. Er kann die Person Gottes nur in Vergleichen umschreiben, er sieht keine Gestalt, nur einen überwältigenden Glanz farbigen Lichts,

»dem Aussehen nach einem Jaspis gleich« (Bauer/Aland, 6. Aufl., Sp. 1168), vergleichbar einem Regenbogen, alles eingetaucht in das rötliche Licht eines Karneols und den grünen Schein eines Smaragds.

In einem weiten Kreis um Gottes Thron stehen 24 Throne – ihr Aussehen wird ebenso wenig beschrieben wie das des Thrones Gottes – und darauf sitzen 24 Älteste in weißen Gewändern mit goldenen Kronen auf ihrem Kopf – Siegeskränzen aus Gold, wie sie Könige trugen. In Israel und später in den Gemeinden waren Älteste Verantwortungsträger, die Leitungsfunktionen ausübten. Diese 24 Personen werden nicht identifiziert, auch an keiner anderen Stelle, an der sie erwähnt werden. Es bleibt eine Vermutung, dass es je zwölf Vertreter des Alten und Neuen Bundes sind (vgl. Lk 22,30; Offb 21,12-14). Aber es sind Menschen – Gott will Menschen in seiner nächsten Umgebung haben, Gemeinschaft mit Menschen.

Und doch besteht eine heilige Distanz zwischen Gottes Thron und den 24 Ältesten. Von Gottes Thron gehen Blitz, Donner und Stimmen aus, schreckenerregende Zeichen, wie schon am Sinai (2Mo 19,16), Zeichen der Nähe Gottes, Gott kommt im Unwetter (Ps 18,8-15). Unmittelbar vor dem Thron brennen sieben Fackeln, ein sichtbarer Ausdruck für die unsichtbare Fülle des Heiligen Geistes. Hier wird mit dem Bild zugleich die Erklärung gegeben. Die Fülle des Heiligen Geistes, die auf dem Messias ruhen wird, wird in Jes 11,2 siebenfach entfaltet. Die Zahl Sieben ist hier Ausdruck der Vollkommenheit.

Was Johannes zu Füßen des Thrones Gottes schaut, kann er wieder nur mit einem Vergleich beschreiben: »etwas wie ...« (4,6 ZB) – ein Meer, das in völliger Ruhe einem Spiegel gleicht, ganz klar, rein, durchscheinend wie Glas, hell wie ein Bergkristall. Im Alten Testament wird das Meer als Bild für die Völker der Welt gebraucht (Ps 65,8; Jes 17,12-14; Jer 51,42; Dan 7,2; vgl.

auch Offb 12,18; 13,1). Hier ist das Meer der Völkerwelt zur Ruhe gebracht.

Inmitten des weiten Kreises der 24 Ältesten auf ihren Thronen, in der Mitte vor dem Thron Gottes, ihn flankierend, schaut Johannes vier himmlische Wesen, jedes mit sechs Flügeln und über und über mit Augen bedeckt, sodass ihnen offensichtlich nichts entgeht. Aber jedes der Wesen hat seine eigene Gestalt, die an irdische Geschöpfe erinnert, ihnen ähnlich erscheint, einem Löwen, einem Stier, einem fliegenden Adler und einem menschlichen Angesicht. Eine angemessene Beschreibung dieser himmlischen Wesen ist mit menschlichen Worten nicht möglich.

Sie erscheinen als Wächter vor dem Thron Gottes, sie markieren die Distanz zwischen den Ältesten und Gott. Ihr vornehmster Dienst besteht in der Anbetung Gottes. Der Hinweis auf die sechs Flügel jedes himmlischen Wesens (manche Bibelausleger sprechen von »Thronwächtern«) und ihre Worte der Anbetung erinnern an die Seraphim, die der Prophet Jesaja am Thron Gottes geschaut hat (Jes 6,2-7), aber die Wesen hier (vielleicht Repräsentanten der Schöpfung?) unterscheiden sich doch deutlich von den Engeln, die uns in der Offenbarung begegnen (10,1; 14,17; 15,6). Am Ende der endzeitlichen Katastrophen wird eines dieser Wesen Mittler der Gerichte Gottes, indem es die Schalen des Zornes Gottes den sieben Gerichtsengeln übergibt (15,7).

Johannes schaut nicht nur den vielfarbigen Lichtglanz der Herrlichkeit Gottes, er wird mit hineingenommen in die ewige Anbetung. Was Johannes sieht, ist kein Bild, sondern lebendiges Geschehen. Er hört die Worte der Anbetung und sieht, wie die Ältesten sich von ihren Thronen erheben, vor Gott niederfallen und ihre Kronen zu Füssen des Thrones niederlegen.

Hier wird Johannes eines der zentralen Themen der Offenbarung deutlich: die Anbetung Gottes.

Johannes hört, wie die vier himmlischen Wesen den heiligen

Gott als den allmächtigen Herrn, der von Ewigkeit zu Ewigkeit lebt, preisen. Ihm gebührt die Herrlichkeit, alle Ehre und aller Dank. Auch die 24 Ältesten beten den Ewigen an und preisen ihn als den Schöpfer aller Dinge und allen Lebens.

Alles im Himmel gerät jetzt in Bewegung. Johannes sieht, wie sich aus der Fülle göttlichen Lichtglanzes auf dem Thron Gottes die rechte Hand Gottes hervorstreckt, die eine Schriftrolle hält, die von beiden Seiten beschrieben und mit sieben Siegeln verschlossen ist.

Das Siegel gilt als rechtsgültige Unterschrift des Verfassers (1Kön 21,8; Jer 32,10) und ist zugleich eine Bestätigung seines Inhalts (Neh 10,1), macht die Urkunde für andere unantastbar (Dan 6,18) und zugleich unzugänglich für Unbefugte (Jes 29,11; Dan 12,4). Die sieben Siegel verdeutlichen die vollkommene Sicherheit und Zuverlässigkeit des Inhalts der Schriftrolle, erinnern vielleicht auch an den Brauch im Römischen Reich, ein Testament siebenmal zu versiegeln. Erst im weiteren Geschehen wird Johannes offenbart, dass die Schriftrolle Gottes Plan für den zukünftigen Lauf der Welt- und Heilsgeschichte enthält.

Sogleich tritt ein starker Engel auf und ruft eine Frage mit mächtiger Stimme in das Weltall hinaus: Wer ist befugt, ist würdig, Gottes Pläne zur Vollendung zu bringen? Wer ist dazu fähig? »Wer ist würdig, das Buch aufzutun und seine Siegel zu brechen?« (5,2 LUT). Völlige Stille! Keine Antwort. Kein Mensch, kein Engel, kein anderes himmlisches Wesen. Niemand! Johannes ist davon so bewegt, dass er heftig weint. Jetzt löst sich einer aus der Reihe der 24 Ältesten und spricht Johannes an. Er tröstet ihn: »Weine nicht!« Seine Worte sind auf die messianischen Verheißungen des AT gegründet: Der Löwe aus dem Stamm Juda (vgl. 1Mo 49,9) und der Wurzelstock aus dem Geschlecht Davids (vgl. Jes 11,1.10) – beide Bildworte weisen auf den Messias. Nur einer ist in der Lage, Gottes Plan auszuführen: Jesus Christus; er hat

»überwunden« (5,5 LUT). Kreuzestod und Auferstehung sind die Zeichen seines Sieges über alle gottfeindlichen Mächte.

Jetzt sieht Johannes im weiten Kreis der Ältesten mitten vor dem Thron Gottes und den vier himmlischen Thronwächtern ein Lamm stehen mit einer tödlichen Wunde, »wie geschlachtet« (5,6 LUT), Christus, nicht in der Gestalt eines Löwen, sondern in der eines Lammes, aber ausgestattet mit der Fülle des Heiligen Geistes und der Allwissenheit Gottes – »sieben Hörner und sieben Augen« (5,6 LUT). Er hat das Geschehen in aller Welt im Blick und ist der Einzige, der Gottes Heilsplan zum Ziel führen wird.

Als Christus das Buch aus Gottes Hand empfängt, von Gott bevollmächtigt wird, fallen die vier himmlischen Wesen und die 24 Ältesten vor Christus nieder. Jetzt hat jeder von ihnen eine Harfe und eine goldene Schale voll Räucherwerk in Händen.

Hat Johannes zunächst Stimmen und Donner vernommen, dann die Anbetung der Thronwächter und Ältesten gehört, so vernimmt er jetzt Musik und Gesang. Es ist ein Lobgesang auf Jesus Christus, der sein Leben am Kreuz hingegeben und sich mit seinem Blut seine Gemeinde erworben hat. Ein prophetischer Gesang, der die weltweite Gemeinde als Schar von Königen und Priestern im Blick hat. Alle werden an der königlichen Herrschaft Jesu Anteil bekommen.

Johannes sieht und hört die Stimmen einer unzählbaren Schar von Engeln, die Christus preisen und ihm alle Ehre geben. Und er schaut prophetisch das Ziel der Wege Gottes, dass die gesamte erneuerte Schöpfung Gott dem Vater und Christus dem Sohn Dank und Lobpreis bringt.

Das Erleben im Thronsaal Gottes stärkt in Johannes die Gewissheit: Alle Not und alles Leid der kommenden Gerichte Gottes, auch das Leiden der Gemeinde, werden gelenkt von der Hand dessen, der selber in dieser Welt unvergleichbar gelitten hat.

Damit Johannes die Weltgeschichte als Geschichte Gottes zum

Heil der Welt richtig verstehen kann, war es nötig, dass ihm ein Blick in den Hintergrund aller Geschichte in der unsichtbaren Welt Gottes gewährt wurde.

Offenbarung 6: Die Öffnung der sechs Siegel

Für Johannes hat sich die Tür zum Himmel aufgetan (4,1), er darf das Geschehen im himmlischen Thronsaal miterleben: die Anbetung Gottes durch die vier himmlischen Wesen und die 24 Ältesten, die Übergabe der versiegelten Buchrolle aus Gottes Händen an Jesus Christus (5,6-7), die Unterweisung durch einen der Ältesten (5,5) und die Anbetung Gottes und Christi durch die »Thronwächter«, die Ältesten, alle Engel und den belebten Kosmos.

Jetzt bleibt der Blick auf den erhöhten Jesus Christus, das »Lamm« (6,1 LUT), gerichtet, während er die ersten sechs Siegel löst. Mit jedem Siegel werden treibende Kräfte offenbar, die den Lauf der Weltgeschichte und den Weg der Gemeinde prägend beeinflussen.

Jesus, das Lamm, löst die Entwicklungen aus, er öffnet die Siegel (vgl. 5,9). Die »Thronwächter« sind mit ihrem Rufen am Geschehen beteiligt. Die zweifache Lesart im biblischen Urtext: »Komm!« bzw. »Komm und sieh!« (6,1.3.5.7), gilt entweder den »vier apokalyptischen Reitern« oder Johannes, der den Weg der Gemeinde zwischen Erlösung und Vollendung, zwischen Pfingsten und der Wiederkunft Jesu in farbigen bewegten Bildern schaut: Er »sah« und er »hörte« (6,1-7).

Der erhöhte Herr bestätigt, was er auf Erden den Jüngern in seinen Endzeitreden gesagt hat (Mt 24; Mk 13; Lk 21): Ereignisse, Entwicklungen, die in Intervallen, periodisch, immer wiederkehren und sich ausbreitend auf das Weltgeschehen einwirken.

Der erste Reiter symbolisiert die Macht der Verführung. Er ist nur schwer zu identifizieren, erst vom Ende her; der Reiter, der nach der »Hochzeit des Lammes« gegen Ende der Offenbarung (19,11-16) erscheint, lässt deutlich werden: Dieser Reiter, der in glänzender Gestalt mit der Krone kommt - »er zog aus ..., um zu siegen« (6,2 LUT) -, ist das Gegenbild zu Christus. Wiederholt hat Jesus seine Jünger gewarnt: »Gebt acht, dass euch niemand in die Irre führt« (Mt 24,4 ZB, vgl. V. 11).

»Die Endgeschichte wird nicht mit einem umfassenden Siegeszug des Evangeliums eingeleitet, sondern mit dem Durchbruch der antichristlichen Gestaltungskräfte (Hubmer). Dieser Reiter ist ›das Symbol menschlichen Machtrausches!‹ (Künneth). Mit ihm reitet die Macht der Verführung um die Welt und bereitet dem Antichristen das Feld vor.

Der Herr wurde einst gefragt, welches das Zeichen seiner Wiederkunft sei und des Endes der Welt. Mit seiner Antwort wies Jesus zuerst auf die einleitenden Ereignisse hin und sagte von diesen: ›Das Ende ist noch nicht da‹ (Mk 13,7 lut), und sprach vom ›Anfang der Wehen‹ (V. 8 lut)! Ähnlich ist es bei diesen einleitenden Gerichten. Der Herr begann alle seine Endzeitreden mit dem warnenden Satz: ›Sehet zu, dass euch nicht jemand verführe. Denn es werden viele kommen unter meinem Namen und ... werden viele verführen‹ (Mt 24,4-5 lut; Mk 13,5ff; Lk 21,8).

Weiß gilt als Farbe der Reinheit, Wahrheit und Gerechtigkeit. Deswegen werden sie auch Christus zugeordnet (Offb 19,11ff). Gerade ihn sucht Satan zu imitieren. Paulus schrieb: ›Er selbst, der Satan, verstellt sich als Engel des Lichts. Darum ist es nichts Großes, wenn sich auch seine Diener verstellen als Diener der Gerechtigkeit‹ (2Kor 11,14-15 lut). Antichristliche Verführungsmächte treten als Heilbringer auf und versprechen Gerechtigkeit und

Frieden.«[1]

Der zweite Reiter deutet auf den Krieg (6,3-4). Jesus hat die Jünger vorbereitet: »Ihr werdet hören von Kriegen ... Denn es wird sich ein Volk gegen das andere erheben und ein Königreich gegen das andere« (Mt 24,6-7 LUT).

Der dritte Reiter ist ein Bild für den Hunger in der Welt (6,5-6). Jesus hat vorausgesagt: »Es werden Hungersnöte kommen« (Mt 24,7 LUT).

Der vierte Reiter deutet auf mögliche Massenvernichtung (6,8), weltweites Massensterben als Folge von Kriegen, Hungersnöten und Naturkatastrophen. Jesus hat das angedeutet, als er sagte: »Es werden geschehen große Erdbeben und hier und dort Hungersnöte und Seuchen« (Lk 21,11 LUT).

Als das fünfte Siegel aufgebrochen wird, sieht Johannes eine Schar von Märtyrern (6,9-11). Das erinnert an die Worte Jesu: »Dann werden sie euch der Bedrängnis überantworten und euch töten. Und ihr werdet gehasst werden um meines Namens willen von allen Völkern« (Mt 24,9 LUT). Damit hat er seine Jünger auf Verfolgung vorbereitet. Bald nach Himmelfahrt und Pfingsten haben Verfolgungen eingesetzt.

Jedes dieser Geschehen wird von Menschen verursacht, entzieht sich aber im Laufe der Zeit der Steuerung durch Menschen und entgleitet ihrem Einfluss.

Aber Jesus Christus bleibt der Herr der Welt- und Heilsgeschichte, er löst die Siegel, gibt den Weg für das Endgeschehen frei. Und die Engelwelt nimmt daran Anteil. Das alles wird »in verschiedenen Gegenden« (griech. *kata topous*, Mt 24,7), also nicht flächendeckend, bzw. zu allen Zeiten geschehen.

Bei der Öffnung des sechsten Siegels sieht Johannes Ereignis-

1 Karl Heinz Knöppel, Die Offenbarung des Johannes. Betrachtungen für die Gemeinde, Witten 2003, S. 104

se, die Bilder von kosmischen Katastrophen mit unabsehbaren Folgen sein könnten (6,12-17). Auch solches Geschehen hat Jesus vorausgesagt (Lk 21,25). Die Menschen möchten sich verstecken, sich dem entziehen, was unausweichlich auf sie zukommt. Ereignisse treten ein, die globale Auswirkungen haben, aber von Menschen nicht beherrscht werden können. Die Existenz der Erde scheint bedroht. Zeichen im Kosmos erscheinen: Sonne, Mond und Sterne sind betroffen.

- In allen Ereignissen bleibt Jesus der Herr, der dem Verlauf der Geschichte seine Grenzen setzt: Es »wurde ... gegeben« - auch die Macht der Verführung hat ihre von Gott gesetzten Grenzen (vgl. V. 2.4.8.11).
- Was die Propheten vorausgesagt haben, wird am Ende eintreten. Jes 13,10 LUT: »Die Sonne geht finster auf und der Mond gibt keinen Schein.« Joel 3,4 LUT: »Die Sonne soll in Finsternis und der Mond in Blut verwandelt werden.« Joel 2,10 LUT: »Die Sterne halten ihren Schein zurück« = Joel 4,15. Jes 34,4 LUT: »Der Himmel wird zusammengerollt werden wie eine Buchrolle.«
- Alles, worauf Menschen sich verlassen könnten, geht zugrunde, vgl. 6,15: unumschränkte Macht (Könige), weitreichender Einfluss (die Großen), militärische Stärke (die Obersten = Generäle), Reichtum, Besitz, bürgerliche Rechte.
- Bis zuletzt verharren Menschen in ihrem Widerstand gegen Gott. Sie versuchen in höchster Not zu beten, rufen aber die Natur an: »Berge und Felsen« (6,16 LUT).
- Am Ende kommt das Gericht (19,11–20,15), der »Zorn des Lammes« (6,16 LUT) und unausweichlich stellt sich die Frage: »Und wer kann bestehen?« (V. 17 LUT).

Offenbarung 7: Durch Gottes Macht bewahrt für die Seligkeit (1Petr 1,5-6)

Der Blick wendet sich weg von den bedrückenden Begleiterscheinungen des irdischen Geschichtsverlaufes hin zu einer Engelerscheinung im Himmel.

Offb 7,1-8: Johannes sieht vier Gerichtsengel, denen aufgetragen – »gegeben« – ist, die gesamte Schöpfung Gottes – »Land ... Meer ... Bäume« (V. 3 GNB) – weltweit – »an den vier Enden der Erde« (V. 1 GNB) – zu verderben, ihr Schaden zuzufügen. Das gehört offenbar zu dem großen Tag des Zornes Gottes und des Lammes und macht die Frage dringlich: »Und wer kann bestehen?« (6,17 LUT).

Die Antwort gibt die Erscheinung eines fünften Engels. Er bringt »das Siegel des lebendigen Gottes« (7,2 LUT). Was der Prophet Hesekiel als Gottes Gericht über Jerusalem kommen sah (Hes 9,1-7), soll am Ende der Zeit weltweit geschehen, in gleicher Weise jedoch auch die Bewahrung der Gläubigen.

Wie bei Hesekiel ist die Bestätigung der Rettung, der Bewahrung im Gericht, die »Versiegelung«, ein Zeichen an der Stirn. Versiegelt werden »die Knechte unseres Gottes« (7,3 LUT), die Gläubigen, die durch Bekehrung und Wiedergeburt ein Eigentum des lebendigen Gottes geworden sind und den Heiligen Geist empfangen haben (2Kor 1,22; Eph 1,13; 4,30). Gott selber sorgt durch den Engel dafür, dass die Glaubenden durch den Heiligen Geist eine erneute Bestätigung ihrer Zugehörigkeit zu Jesus Christus erhalten. Bevor die endzeitlichen Gerichte hereinbrechen, soll die Gewissheit gestärkt werden, dass sie unter Gottes Schutz stehen.

Der Dienst des fünften Engels hat Auswirkungen auf den Beginn der endzeitlichen Katastrophen: Erst wenn alle Gläubigen auf Erden die erneute Bestätigung ihrer endgültigen Rettung durch die Gerichte hindurch (1Thess 5,9) empfangen haben, dürfen die Stürme über die Erde rasen. Die Gläubigen werden später die Stürme erleben, aber sie werden mitten im Sturm bewahrt (9,4). Johannes hat nur die Engel gesehen und die Stimme des fünften Engels vernommen. Den Vorgang der Versiegelung selbst schaut er nicht. Er hört nur die Zahl der Versiegelten: »144 000 Versiegelte, aus jedem Stamm der Söhne Israel« (7,4 ELB).

Zahlen in der Bibel können sowohl reale als auch symbolische Bedeutung haben. Wie in der Zahl der 24 Ältesten, so ist auch in der Zahl 144 000 die Zahl Zwölf verborgen, die ein Hinweis auf Vollständigkeit und Vollendung ist (vgl. Lk 22,30; Offb 21,12-14). Da es unwahrscheinlich ist, dass die Zahl der durch den Glauben erretteten Juden auf die numerische Größe von 144 000 beschränkt ist, wird Johannes der mehrfache Sinn des Wortes deutlich gewesen sein, ohne dass er ihn hier weiter entfaltet. Erst tritt Israel ins Blickfeld, dann die vollendete Gemeinde. Auch in der Endzeit behält Israel seine heilsgeschichtliche Sonderstellung als erwähltes Gottesvolk (Röm 11,1.25).

Johannes schaut unmittelbar nach der Begegnung mit den Engeln eine unzählbare Schar vor Gottes Thron, die vollendete Gemeinde. So wird ihm bewusst: Was auf Erden nur eine kleine Schar ist, die »kleine Herde« (Lk 12,32 LUT), wird im Himmel eine unübersehbare Menge sein. Und die Menschen dort kommen »aus allen Nationen, Stämmen, Völkern und Sprachen« (V. 9 GNB). War die erste Gemeinde eine Gemeinde nur aus Juden (Apg 2,11.41), so werden am Ende Menschen von allen Kontinenten in der Herrlichkeit sein, aus allen Völkern und Sprachen, und so wird das Ziel der Weltmission (Mt 28,18-20) erreicht sein.

Schaut man auf die zwölf Stämme Israels, so waren Johannes die tiefen Wesensunterschiede der einzelnen Stämme (vgl. 1Mo 49 und 5Mo 33) bewusst. Auch die häufigen Streitigkeiten und sogar Kriege zwischen dem Nordreich und Juda. Und doch gehörten alle zum Volk Gottes des Alten Bundes. Und unter den Gliedern der Gemeinde Jesu war es nicht anders, auch hier gab es Uneinigkeit und Streit; die Briefe des Apostels zeigen, dass er darum gewusst und darunter gelitten hat. Aber im Himmel ist es anders: Die vollendeten Gläubigen loben Gott mit einer Stimme. Alles, was trennen könnte, ist überwunden.

Wie Johannes überrascht war, als sich vor ihm eine Tür zum Himmel auftat (4,1) und er in gespannter Erwartung (»siehe«) das Geschehen in der himmlischen Wirklichkeit wahrnahm, so ist er gleichermaßen gespannt (»siehe« V. 9), als er die unübersehbare, unzählbare Menge von Menschen vor Gottes Thron sieht, die hier aus aller Welt versammelt ist (7,9-17). Johannes weiß, woher sie kommen, beschreibt ihr Erscheinungsbild und hört ihre Stimmen. Auf welche Weise er die Erkenntnis gewonnen hat, dass die unübersehbare Schar von Menschen eine Vielvölkergemeinde ist, wird nicht gesagt. Aber alle tragen das lange, wallende, leuchtend weiße Obergewand, das auch schon den Märtyrern gegeben wurde (6,11; vgl. 19,8). Und alle haben Palmzweige in ihren Händen, ein antikes Symbol des Sieges. Schon einmal hatte Johannes Ähnliches erlebt, als eine große – aber überschaubare – Menschenmenge mit Palmzweigen in den Händen – als Zeichen des Triumphes – Jesus als ihren »König Israels« beim Einzug in Jerusalem begleitet hatte (Joh 12,13 ZB).

Wichtiger als das Erscheinungsbild der Menschen sind für Johannes ihre Worte: Sie preisen mit lauter Stimme den lebendigen Gott – »vor dem Thron und vor dem Lamm« (V. 9 LUT). – Unser

»Gott, der auf dem Thron sitzt« und das »Lamm« (V. 10 LUT) gehören unlösbar zusammen, sie sind eins (vgl. Joh 10,30). In welcher Sprache Johannes die Worte der Anbetung und des Lobpreises hört, wird nicht gesagt.

Die Erlösten, die Gläubigen, die vor Gottes Thron stehen, preisen Gott für ihre Errettung, für *das* Heil, das sein Fundament im Erlösungshandeln Jesu hat, in seiner Menschwerdung, dem Kreuzestod und der Auferstehung (Apg 4,12). Es wird von einzelnen Gläubigen angenommen und erfahren in der Vergebung der Sünden (Lk 1,77) und der Versiegelung mit dem Heiligen Geist (Eph 1,17; vgl. Offb 7,2-4). Das Heil (die Rettung) schließt auch die Umgestaltung des Glaubenden in das Wesen Jesu ein (Röm 8,29; 1Joh 3,2), ebenso als Handeln Gottes die Rettung vom Tod, von der Sünde und von der ewigen Verdammnis. Die Glaubenden werden am Tage des Gerichtes bewahrt (Röm 5,9; 1Thess 5,9); schließlich wird Christus alle Glaubenden, seine Gemeinde, vollenden und sie in der Herrlichkeit als seine »Braut« (Offb 21,9 LUT) dem Vater »darstellen«, sie »vor sich stellen« (2Kor 4,14 LUT; Eph 5,17; Kol 1,22). Die vor Gottes Thron stehen, haben das erfahren und beten Gott darüber an. Ihr Blick ist allein auf Gott gerichtet und auf das, was er durch Christus gewirkt hat: Das Heil kommt - allein! - »von dem, der auf dem Thron sitzt, und dem Lamm« (V. 10 ELB).

Die Anbetung Gottes und Christi durch die vollendete Gemeinde wird begleitet vom Lobpreis der himmlischen Heerscharen, der 24 Ältesten und der vier »Thronwächter«, der himmlischen Wesen, die alle miteinander vor Gottes Thron niederfallen. Das Lob der Herrlichkeit und Weisheit Gottes, der Dank für die Offenbarung seiner Würde, Stärke und Macht werden durch ein zweifaches Amen bekräftigt. Mit diesem Wort »Amen«, in dem sich Gottes Wesen widerspiegelt (Jes 65,16 EÜ »Gott des Amen«, Gott der Treue), wird der Anbetung des alten und neuen Gottesvolkes

(1Chr 16,36; Neh 5,13; 8,6; Ps 41,14; 1Kor 14,16; 2Kor 1,20) besonderes Gewicht verliehen.

War Johannes schon einmal von einem der 24 Ältesten angesprochen worden (5,5), so wird er jetzt von einem der Ältesten geradezu in ein Gespräch hineingezogen, in dem er eingesteht, dass er eine Erklärung des Geschehens braucht. Und der Älteste sagt ihm, wer die Menschen dieser unzählbaren Schar sind, welche Bedeutung ihre Anbetung hat und welchen Trost sie von Gott in der Herrlichkeit empfangen.

Zuerst erklärt der Älteste, wer die Personen sind, die vor Gottes Thron stehen: Es sind Menschen, die ihr Leben Jesus anvertraut, ihre Sünden bekannt und Vergebung empfangen haben. Alttestamentliche Bildworte, die Johannes bekannt sind, tauchen auf. Die Menschen hier haben das durch Sünde befleckte Kleid ihres bisherigen Lebens (Jes 64,5) reinwaschen lassen (Ps 51,4.9; Jes 4,4; Jer 4,14). Sie haben erfahren, dass der Kreuzestod Jesu, sein Blut, alle Sünden auslöscht, alle Schuld tilgt (1Joh 1,7). In einer Glaubensentscheidung haben sie ihr altes Leben gegen eine neue Existenz in der Gemeinschaft mit Jesus ausgetauscht. Jetzt tragen sie reine, weiße Gewänder (Jes 61,10).

Aber der Weg in der Nachfolge hat sie auf Erden durch Leiden geführt. Sie sind »aus der großen Trübsal« (7,14 LUT) gekommen. Schon der Staatsmann und Prophet Daniel hatte für das Ende unserer Welt eine Zeit großer Bedrängnis für Gottes Volk vorausgesagt (Dan 12,1), die möglicherweise mit Naturkatastrophen einhergehen könnte (vgl. Jes 24,1.4).

Jesus hatte in seiner Rede auf dem Ölberg die Fragen seiner Jünger nach dem Zeitpunkt und Zeichen für die Zerstörung Jerusalems, seine Wiederkunft und das Ende der Welt beantwortet. Dabei hatte er die Prophetie Daniels als noch zukünftig bestätigt: »Dann wird große Bedrängnis sein, wie sie von Anfang der Welt bis jetzt nicht gewesen ist und auch nie sein wird« (Mt 24,21 ELB vgl. V. 29). Das Wort »Bedrängnis« (Trübsal) beinhaltet nach diesen Worten die für die Gemeinde Jesu notvolle Zeit unmittelbar vor der Wiederkunft des Herrn. Nach den Worten des Apostels Paulus müssen alle Christen auf dem Weg der Nachfolge schwere Anfechtungen durchstehen: »Wir müssen durch viele Bedrängnisse in das Reich Gottes eingehen« (Apg 14,22 LUT). Und er selber hat solche Not in äußerstem Maß erlebt (2Kor 1,4.8; 11,23-28). Jetzt sieht Johannes vor Gottes Thron die Schar derer, die »aus der großen Bedrängnis kommen« (V. 14 ELB). Sind es nur die Christen, die die letzte Zeit schwerster Verfolgung durchstanden haben (vgl. Offb 13)?

Vorher hat Johannes schon die Märtyrer gesehen. Dann wird dies eine trostvolle Verheißung für die Christen in der Endzeit, die noch aussteht. Ist das Wort von der »großen Bedrängnis« (7,14 ELB) im Sinne von Apg 14,22 zu verstehen, dann würde Johannes in einer Vorausschau die vollendete Gemeinde sehen oder alle Gläubigen, die der erhöhte Herr bereits in die Ewigkeit gerufen hat bzw. rufen wird (z.Zt. des Johannes waren noch nicht Christen aus allen Völkern in der Herrlichkeit).

Aber eines ist gewiss: Jesus bewahrt die Glieder seiner Gemeinde auf dem Glaubensweg, auch wenn er durch tiefe Leiden führt, und bringt sie in die Herrlichkeit.

Besteht Nachfolge auf Erden im Dienst für Jesus (1Thess 1,9), so geht der Dienst in der Ewigkeit weiter, und eine Art des Dienstes wird die ewige Anbetung des lebendigen Gottes sein.

Die Erklärung des Ältesten (V. 13) weist schon auf das Ziel der Heilsgeschichte in Gottes neuer Welt hin (V. 15b-17 vgl. Offb 21,1-4). Was erwartet die Gläubigen in der Herrlichkeit? Gott bleibt Gott, und der Mensch bleibt Gottes Geschöpf, aber das Vater-Kind-Verhältnis (Röm 8,15; Gal 4,6) wird vollkommen sein. Wir werden in ungetrübter Gemeinschaft mit Gott leben. Aller Hunger und Durst, alle Sehnsucht nach erfülltem, ewigen Leben, ist dann gestillt. Aus dem Glauben ist ein Schauen geworden (1Kor 13,12; 2Kor 5,1.7). Das Leben ist nicht mehr der »Feuersglut« der Anfechtungen (vgl. 1Petr 4,12 EÜ) ausgesetzt. Hat Jesus im irdischen Dasein als der Gute Hirte für seine Jünger gesorgt (Lk 22,35; Joh 10,10-11) und seine Gemeinde auf Erden unsichtbar begleitet, geführt und bewahrt (Mt 28,20), so wird er auch in der Ewigkeit als »der Gute Hirte« seine vollendete Gemeinde durch den Heiligen Geist leiten; »zu den Quellen lebendigen Wassers« (vgl. Joh 7,38-39 LUT). Ewiges Leben wird ein Schöpfen aus unversiegbaren Quellen sein. Die Gläubigen kommen aus der »großen Trübsal«; es kann sein, dass sie mit Tränen in den Augen in der Herrlichkeit ankommen – vielleicht gab es viel Grund zum Weinen, aber »Gott wird jede Träne von ihren Augen abwischen« (7,17 ELB).

Offenbarung 8–9: Der Dienst der Engel des Unheils (oder: des Gerichtes)

Offenbarung 8,1-5: Christus öffnet das siebte Siegel

Bisher war Christus allein der Handelnde: Er offenbarte sich Johannes, er diktierte die sieben Briefe, er rief Johannes in die himmlische Welt, er öffnete die sechs Siegel. Jetzt öffnet er das siebte Siegel. Jesus führt die Welt- und Heilsgeschichte ihrem Ende zu.

Im Himmel waren bisher viele Stimmen zu hören. Nun tritt für »eine halbe Stunde« (8,1 LUT) vollkommene Stille ein, »Totenstille«. Es ist so, als würden alle himmlischen Wesen den Atem anhalten. In dieser Stille schaut Johannes sieben Engel vor Gottes Thron. Jeder empfängt eine Posaune. Von nun an, wo es aufs Ende zugeht, sendet der erhöhte Herr zunehmend seine Engel, die auf das Geschehen auf Erden einwirken. Die sieben Engel sind Gerichtsengel, von Gott beauftragt. Der Schall ihrer Posaunen wird auf Erden Katastrophen auslösen (8,1-2).

Bevor die Engel ihre Posaunen blasen, wechselt noch einmal das Bild (8,3-5). Johannes sieht vor Gottes Thron den goldenen Räucheraltar (2Mo 30,1-5; 37,25-28 vgl. Lk 1,8-11), vielleicht das Urbild, das Mose am Sinai gezeigt wurde (2Mo 25,9.40; 26,30; Hebr 8,5). Vor dem Räucheropferaltar steht ein Engel, der eine goldene Räucherpfanne in der Hand hält. Ihm wird »viel Räucherwerk (Weihrauch) gegeben« (8,3 LUT; wer es ihm gibt, wird nicht erwähnt). Die auffallend häufige, eindrückliche Formulierung »wurde gegeben« weist darauf hin, dass die Engel nicht von sich aus – autonom – handeln, sondern Beauftragte Gottes sind (vgl. Ps 103,21). Das Räucheropfer, das der Engel darbringt, verbindet sich mit den Gebeten der Glaubenden, »aller Heiligen«. Das Räucherwerk wird ihm hinzugefügt. Im Thronsaal Gottes hatte Johannes gesehen, dass die 24 Ältesten »goldene Schalen voll Räucherwerk« (5,8 LUT) hatten – ein Bild für »die Gebete der Heiligen«. Offensichtlich war es eine Aufgabe der Ältesten, die Gebete der Glaubenden, die noch auf Erden waren, vor Gott zu bringen.

Jetzt aber sieht Johannes einen Engel, der den Dienst eines Priesters versieht. Er hält in seinen Händen keine Opferschale, sondern eine Räucherpfanne, in der das Räucherwerk langsam verglüht und der Rauch vor Gottes Thron aufsteigt, zusammen mit den Gebeten der Gläubigen, die Gottes Ohr und Herz erreichen. Jedes Mal geht es darum, dass die Gebete der Gläubigen in der himmlischen Welt angenommen und gewissermaßen zum Thron Gottes geleitet werden. Damit wird zugleich an den Dienst des Heiligen Geistes erinnert, der »für uns ... mit unaussprechlichem Seufzen« eintritt (Röm 8,26 LUT).

Aber der Priesterengel ist zugleich Gerichtsengel: Er füllt seine Räucherpfanne mit Glut vom Räucheraltar und schüttet sie auf die Erde. Die Folge: »Donner und Stimmen und Blitze und Erdbeben« (Offb 8,5 LUT). Es ist nicht eine Flut von Segensworten, die vom Himmel auf die Erde herabkommt, sondern der Engel schickt mit der Glut des himmlischen Feuers die Vorzeichen des Gerichtes Gottes über eine gottlose Welt; es sind wie auch Offb 11,19; 16,18 Ankündigungen endzeitlicher Katastrophen. Diese Zeichen verbreiten Schrecken und Angst. Besonders die Erwähnung von Erdbeben (vgl. 1Sam 14,15; Jes 29,6; Hes 38,19 – ebenso

Mt 24,7; Offb 6,12) macht deutlich, dass es sich um ein Geschehen handelt, dem der Mensch unausweichlich ausgeliefert ist, dem er hilflos gegenübersteht.

Offenbarung 8,6-13: Die ersten vier Gerichtsposaunen

Die Zerstörung des irdischen Lebensraumes

Die Bilder – bzw. das Geschehen, dessen Zeuge Johannes wird – werden nicht erklärt. Aber die Folgen des Geschehens werden erkennbar. Die Schilderung erfolgt nicht in naturwissenschaftlicher Ausdrucksweise. Auch bleibt offen, ob es ein unmittelbares Eingreifen Gottes, sein Handeln im Gericht, ist oder ob die Katastrophen durch Menschen ausgelöst werden. Bei den ersten vier Posaunenstößen ist nur die Natur betroffen: Der Lebensraum für Mensch und Tier wird immer mehr zerstört. Erst danach, bei der fünften und sechsten Posaune, geht es ausschließlich um die Menschen.

Beim Schall der ersten Posaune erlebt Johannes einen gewaltigen Feuersturm, der sich über die Erde ausbreitet. Hagel und Feuer erinnern an die siebte Plage, die Gott über Ägypten kommen ließ (2Mo 9,23ff). Das Geschehen hier nimmt eine andere Dimension an: Ein Drittel der Erde samt der Pflanzenwelt verbrennt. Verbrannte Erde (vgl. 8,7) ist kein Lebensraum, weder für Menschen noch für Tiere. Es bleibt im Dunkel, wer diese rote Feuermasse auf die Erde »geworfen« (8,7 ELB) hat.

Beim zweiten Posaunenstoß stürzt ein riesiger, glühender Feuerball wie ein großer, brennender Berg ins Meer. Das Wasser wird verseucht, ein Drittel aller Meerestiere sterben, und die Seefahrt wird betroffen, weil auch ein Drittel aller Schiffe zugrunde geht. Auch diese Katastrophe ist ein unsichtbar gelenktes Geschehen, das Feuer wird vom Himmel »geworfen«, und die Folgen berühren das menschliche Leben, nämlich den Alltag der Seefahrer.

Erst bei der dritten Posaune wird deutlich, dass die Ereignisse einen transzendenten Hintergrund haben. Ein brennender Stern fällt vom Himmel, der den Namen *Apsinthos*, »Wermut« (8,11 LUT), trägt. Es ist ein unvorstellbares Ereignis, weil als Folge ein Drittel aller Quellen und Ströme, also auch das für Menschen notwendige Trinkwasser, durch einen Bitterstoff verseucht wird.

Viele der Menschen, die von dem verseuchten Wasser tranken, sterben daran. Was Gott schon dem Volk Israel durch den Propheten Jeremia als Gericht angekündigt hatte (Jer 9,14; 23,15), vollzieht sich jetzt an der Menschheit in unvorstellbarem Ausmaß.

Was Jesaja in ferner Zukunft für den »Tag des Herrn« geschaut hat (Jes 13,6-11 ELB), was Jesus seinen Jüngern in seiner Rede auf dem Ölberg vorausgesagt hat (Mt 24,29), das wird sich am Ende der Zeit beim Schall der 4. Posaune erfüllen. Es wird nicht nur eine partielle Sonnen- und Mondfinsternis geben. Der ganze Kosmos gerät in einer für die Menschen beängstigenden Weise in Bewegung. Was Johannes sieht, ist ein für uns (und für ihn) unvorstellbares und unerklärbares Geschehen. Schon Jesaja hat gesagt: »Er kommt wie eine Verwüstung vom Allmächtigen« (Jes 13,6 ELB). Aber das ist noch nicht das Ende. Es kommt noch schlimmer.

Johannes »sah« und »hörte einen Adler hoch oben am Himmel fliegen« (8,13 ELB). Auch die Kreatur wird zum Boten Gottes für die Menschen. Dieses Tier warnt mit einem dreimaligen »Wehe« vor den kommenden letzten drei Posaunenstößen der Gerichtsengel.

Offenbarung 9,1-12: Das Heer der Dämonen

Beim Schall der 5. Posaune sieht Johannes einen Stern vom Himmel auf die Erde fallen. Er beschreibt, was er sieht, in bildhaft verschlüsselter Sprache; aber er erklärt das Geschehen nicht.

Der Stern ist kein Himmelskörper im uns bekannten Weltall, kein Meteorit. Denn dem Stern wird ein »Schlüssel ... gegeben« - wird ihm anvertraut -, mit dem er den »Schacht« zum »Abgrund« öffnet (9,1-2 EÜ). Es ist anzunehmen, dass sich in der Gestalt des Sternes ein Engel verbirgt. Ganz am Schluss der Offenbarung, bevor Johannes ein Blick in die neue Welt Gottes gestattet wird, erscheint ein Engel mit einem Schlüssel und verschließt den Abgrund (20,1-3). Auch schaut Johannes im Verlauf der Offenbarung, wie der Teufel in Gestalt eines Drachen »ein Drittel der Sterne« aus dem Himmel »hinweg-« »fegte« (12,4 ZB); anschließend heißt es: »Der Drache und seine Engel« kämpften gegen den Erzengel »Michael und seine Engel« (12,3-9 ZB). So ist anzunehmen, dass »Stern« hier ein Bildwort für Engel ist.

Dieser Engel folgt nicht eigenem Antrieb, sondern ist von Gott gesandt, denn ihm ist der Schlüssel zum Brunnenschacht »gegeben« mit dem Auftrag, den Zugang zum »Abgrund«, dem Aufenthaltsort der Dämonen, zu öffnen.

Rauch steigt aus dem Brunnenschacht und verfinstert Luft und Sonne (9,2; vgl. vierte Posaune 8,12), und aus dem Rauch strömen Scharen von »Heuschrecken« hervor, die an die Heuschreckenplage in Ägypten erinnern (9,3; vgl. 2Mo 10,4ff). Die spätere Beschreibung dieser »Heuschrecken« zeigt, dass es sich nicht um große Insekten aus dem uns bekannten Bereich der Zoologie handelt.

Hinter diesen unheimlichen Wesen verbirgt sich ein Heer von Dämonen, höllischen Geistern, die unter der Führung eines »Königs«, dem »Engel des Abgrundes« (9,11 ELB), ihr Unwesen auf der Erde treiben. Ähnlich hat sie bereits der Prophet Joel in seiner Gerichtsprophetie beschrieben (Joel 2,2-11). Sie sind Werkzeuge in Gottes Hand mit einem klar bestimmten Auftrag. Es wird zu ihnen etwas »gesagt« (9,4 ELB) – ihnen wird ein Befehl erteilt, der eine für Johannes tröstliche Botschaft einschließt: Die Zeit des Gerichtes ist begrenzt.

Das Gericht, zu dem Gott das Heer der Dämonen sendet, soll nicht die Natur zerstören; sie sollen weder »dem Gras auf Erden noch allem Grünen noch irgendeinem Baum« Schaden zufügen (9,4 LUT). Ihr Angriff richtet sich ausschließlich gegen die Menschen, die nicht »das Siegel Gottes ... an ihren Stirnen« haben (9,4 LUT). Die Menschen, die zuvor mit dem Zeichen der Errettung »versiegelt« wurden (7,2-4 LUT), die Gläubigen, die den Heiligen Geist empfangen haben und Jesus Christus nachfolgen, werden verschont. Das Gericht trifft nicht die Gemeinde Jesu.

Dieses Geschehen erinnert an Israel in Ägypten, als Gott sein Volk vor dem Viehsterben, der Hagelkatastrophe und der großen Finsternis bewahrte: Es war eine »Finsternis in ganz Ägyptenland drei Tage lang ... Aber bei allen Israeliten war es licht in ihren Wohnungen« (10,22-23 LUT; 2Mo 9,6.25).

Es wird für die Ungläubigen eine unvorstellbar schwere Zeit werden; sie erleiden Schmerzen, als seien sie von einem Skorpion gestochen; sie wünschen sich zu sterben und können es nicht, »der Tod wird vor ihnen fliehen« (9,6 EÜ).

Aber wie die Plagen, die Gott über die Ägypter verhängte, zeitlich begrenzt waren – als Warnzeichen und Ruf zur Umkehr (2Mo 9,5; 10,22) –, so setzt Gott dem Gerichtshandeln der Dämonen eine Grenze (9,5.10). Zweimal wird erwähnt, dass nach fünf Monaten die Qual der Menschen ein Ende findet.

Was Johannes sieht, lässt sich mit menschlichen Worten nicht zutreffend beschreiben. Unter der Anleitung des Heiligen Geistes wählt er Vergleiche; neun Mal gebraucht er die Wörter »wie« oder »ähnlich, vergleichbar«. Aber dennoch bleiben diese Wesen für uns unvorstellbar: Es sind keine Pferde, nur ähnlich, sie haben menschenähnliche Gesichter, Haare ähnlich denen einer Frau, Zähne ähnlich wie Löwen. Das alles liegt jenseits des Erfahrungshorizontes des Apostels.

Nur eines ist deutlich: Es handelt sich um geistige Wesen aus dem Reich der Dämonen, angeführt von einem höllischen Engel, nur dazu erschienen, die Menschen zu quälen. Sein Name heißt »Verderber«, »der den Untergang bringt«.

Eine Frage bleibt offen, da nur Menschen betroffen sind, die nicht zur Gemeinde Jesu gehören: Wird die Gemeinde bei diesem Geschehen schon von der Erde weggenommen, »entrückt« sein (vgl. 1Thess 4,15-17; 2Thess 1,6-10), oder werden die dann noch lebenden Christen diese Katastrophe miterleben, aber selbst verschont bleiben? Dies alles mitzuerleben, wird furchtbar sein.

Der erste der drei Weherufe, die der Engel in Gestalt eines Adlers nach dem Schall der vierten Posaune ausgestoßen hatte (8,13), hat sich erfüllt (V. 12). Zwei weitere schreckenerregende Ereignisse stehen noch aus.

Offenbarung 9,13-21: Der »dritte« Weltkrieg

Das zweite »Wehe!« (8,13; 9,12) galt dem Posaunenton des sechsten Engels. Als der Ton verklungen ist, hört Johannes eine Stimme vom goldenen Räucheropferaltar vor Gottes Thron (vgl. 8,3), die dem sechsten Engel einen Auftrag erteilt. Dabei wird die Grenze zwischen dem Geschehen im Himmel und dem auf der Erde aufgehoben. Der sechste Engel soll vier Gerichtsengel losbinden (vgl. 9,14), die am Euphrat auf den Augenblick warten (»Stunde ... Tag ... Monat ... Jahr«, 9,15 ELB), Gottes Gerichte auf Erden zu vollstrecken. Sie sollen ein Drittel der Menschheit umbringen.

Der Engel folgt dem Befehl. Als das geschehen ist, nimmt das Unheil seinen Lauf.

Die Engel treten nicht in Erscheinung, aber Johannes sieht eine unüberschaubare Schar von Truppenabteilungen, ein riesiges Heer berittener Soldaten. Er hört ihre Zahl: »zwanzigtausendmal zehntausend« (9,16 LUT). Das erinnert an Ps 68,18 ELB: Gottes Wagen »sind zehntausendmal Tausende« (vgl. 1Mo 24,60).

Die Größenordnung dieses Heeres übersteigt alles menschliche Vorstellungsvermögen. Die Reiter, die Johannes sieht, tragen feuerrote, hyazinthblaue und schwefelgelbe Brustpanzer. Aber nicht ihnen, sondern den sonderbaren Pferden gilt die ganze Aufmerksamkeit des Johannes.

So wie die »Heuschrecken« (9,3ff ELB), die Johannes nach dem Ton der fünften Posaune gesehen hatte, keine Wesen aus dem Bereich der Zoologie waren, so gehören auch die »Pferde« (9,17 ZB) nicht zur Gattung der auf Erden lebenden Pferde.

Bei der Beschreibung dieser Wesen muss er Vergleiche heranziehen: Köpfe wie Löwenköpfe, also ihnen nur ähnlich, so wie Johannes sie bisher nie gesehen hat. Aus ihrem Maul stoßen sie »Feuer, Rauch und Schwefel« (9,17 ZB) aus. Gerade dadurch – und nicht durch die Reiter auf den »Pferden« –, kommt ein Drittel der Menschen um. Die tödliche Gefahr für die Menschen kommt aus dem Rachen der »Pferde« und aus ihren Schwänzen, die Schlangen ähnlich sind, deren Köpfe den Menschen Schaden zufügen.

Während sich hinter den »Heuschrecken« dämonische Mächte verbergen, sagt Johannes nicht, welche Mächte sich in diesem riesigen Heer gespenstischer Pferde und Reiter manifestieren. Vielleicht handelt es sich auch hier um geistige Kräfte, die das massenhafte Sterben bewirken.

Unübersehbare Truppenansammlungen, hinter denen im Verborgenen Engelmächte wirken, riesige Heere, durch die ein Drittel der Menschen umkommen, deuten auf weltweite militärische

Auseinandersetzungen, auf einen Weltkrieg bisher ungekannten Ausmaßes.

Immerhin: Zwei Drittel der Menschen überleben. Aber sie erkennen nicht, dass das Geschehen ein Gericht Gottes, ein Ruf zur Umkehr war. Ihr Lebensmotto heißt: »Weiter so wie bisher!« Sie »taten ... nicht Buße für die Werke ihrer Hände!« (9,20 ELB). Was prägt ihren alltäglichen Lebensstil?

Das, was Sünde in ihrem tiefsten Wesen ist: der Aufstand gegen die ersten beiden Gebote Gottes: »Du sollst keine anderen Götter haben neben mir. Du sollst dir kein Bildnis noch irgendein Gleichnis machen« (2Mo 20,3-4 LUT). Ihre Hingabe, ihre Anbetung gelten nicht dem lebendigen Gott, sondern den toten Götzen. Sie huldigen dem Geist des Materialismus: Gold und Silber, das Streben nach irdischem Wohlstand; Erz, Stein, Holz – irdische Materie, die vergeht (vgl. Jes 2,8 LUT: »sie beten an ihrer Hände Werk«). Die Jagd nach Erfolg und Gewinnmaximierung führt zu Stolz und Überheblichkeit. Sie merken nicht, dass hinter dem Streben nach sichtbaren, greifbaren Dingen, in die man sein Vertrauen setzt, dämonische Mächte stehen (1Kor 10,19-21). Sie hindern die Menschen am Vertrauen auf Gott. Und aus der geistigen Ursünde, Gott den Gehorsam und das Vertrauen und die Anbetung zu verweigern, entspringen die Sünden, die das Zusammenleben der Menschen zerstören: »Mord ... Zauberei ... Unzucht und Diebstahl« (9,20 EÜ) – Brutalität, die Menschenleben verachtet; die anwachsende Welle des Okkultismus und der Esoterik; enthemmte Sexualität, die jede Schamgrenze zerstört, und maßloses Gewinnstreben auf Kosten anderer.

Offenbarung 10: Inmitten aller Schrecken weltweite Verkündigung des Evangeliums

Der Blick des Apostels soll nicht haften bleiben an den Schrecken kriegerischer Ereignisse und dem Leid des massenhaften Sterbens. Eine bisher völlig unbekannte Erscheinung tritt in sein Blickfeld: Die Gestalt eines übermächtig großen Engels, der aus dem Himmel kommt, eingehüllt in eine Wolke, mit strahlendem Angesicht und einem Regenbogen über seinem Kopf, erscheint vor ihm. Die Grenze zwischen Himmel und Erde, der Herrlichkeit Gottes und der Welt des Menschen, scheint aufgehoben. So hat Johannes bisher keinen himmlischen Boten gesehen, dessen Auftrag die ganze Welt umspannt. Denn der Engel stellt seine Füße, die einer Feuersäule gleichen, einen auf das Land und den anderen auf das Meer. Und in seinen Händen hält er ein aufgeschlagenes Buch.

Johannes hört, wie der Engel übernatürlich laut ruft – »er schrie mit großer Stimme, wie ein Löwe brüllt« (10,3 LUT). Auf diesen Ruf antworten sieben Donnerschläge. In ihnen vernimmt Johannes eine Botschaft Gottes, wie es schon ein Beter in Israel erfahren hat: »Die Stimme des Herrn erschallt über den Wassern, der Gott der Ehre donnert, der Herr über großen Wassern. Die Stimme des Herrn ergeht mit Macht« (Ps 29,3-4 LUT).

Jetzt zeigt es sich, dass Johannes mit hineingenommen ist in das Offenbarungsgeschehen. Er will die Botschaft, die er vernommen hat, schriftlich festhalten. Aber das wird ihm verwehrt: Eine Stimme aus dem Himmel gebietet ihm: »Schreib es nicht auf!« (10,4

GNB). Johannes weiß jetzt etwas, was er den Gemeinden nicht mitteilen darf. Es gibt Ereignisse, vielleicht Pläne Gottes, von denen die Gemeinden noch nichts wissen sollen. Einzelheiten zukünftigen Geschehens bleiben den Gläubigen jetzt noch verborgen.

Der Engel hebt seine rechte Hand zum Himmel, er schwört bei dem ewigen Gott, dem Schöpfer des Himmels und der Erde, dass »keine Zeit mehr sein« wird (V. 6 LUT). Den Märtyrern wurde gesagt, dass sie noch »kurze Zeit ruhen« müssten (6,11 EÜ), bis die Zahl der Blutzeugen des Evangeliums voll würde. Diese »kurze Zeit« ist nun zu Ende; die letzte Phase der Endzeit hat begonnen (Zeit = Frist, Aufschub vgl. 2,21!). Jetzt gibt es keine Verzögerung mehr. Jesus hatte seinen Jüngern verheißen, dass am Ende »diese Tage verkürzt« werden sollten (Mt 24,22 LUT).

Beim Schall der siebten Posaune wird Gottes Ratschluss für diese Weltzeit zum Ziel kommen. Und wenn die Ewigkeit hereinbricht, wird die irdische Zeit aufgehoben. Dann soll das »Geheimnis Gottes« (10,7 ELB, vgl. 1Kor 2,1) vollendet werden. Es ist ein Geheimnis, das Gott »seinen ... Knechten, den Propheten« als gute Nachricht mitgeteilt hat, damit sie es in der Verkündigung weitergeben (10,7 ELB, vgl. 1Kor 14,3).

Ein *Rätsel* kann durch die Kraft menschlicher Vernunft gelöst werden. Ein *Geheimnis* muss durch eine Person erschlossen werden. Das »Geheimnis Gottes« umschließt die Kenntnis vom Wesen der Person Jesu (Eph 3,4 LUT »das Geheimnis Christi«), die durch den Heiligen Geist geoffenbart wird (Mt 16,17); darüber hinaus den Heilsratschluss Gottes, »das Geheimnis seines Willens« (Eph 1,9 ELB), ebenso die Tatsache der ersten Auferstehung der Toten (1Kor 15,23-24.51-52) und die endzeitliche Errettung Israels (Röm 11,25).

Die gleiche Stimme vom Himmel, die Johannes befohlen hatte, die Botschaft der sieben Donner schriftlich nicht weiterzugeben, befiehlt ihm nun, das Buch aus der Hand des Engels zu nehmen.

Auf unerklärliche Weise ist Johannes in das Geschehen mit seiner ganzen Person (auch körperlich; von einem »Traum« ist nicht die Rede; der Engel steht auf der Erde) eingebunden. Er geht zu dem Engel und bittet ihn, er möge ihm das Buch geben. Der Engel gibt ihm das Buch mit der Anweisung, das Buch zu verzehren. Er sagt die Folgen voraus: »Sie wird dir bitter im Magen liegen, aber in deinem Mund wird sie süß sein wie Honig« (10,9 GNB).

Was Jahrhunderte zuvor Hesekiel zu Beginn seines prophetischen Dienstes erlebt hatte, wiederholt sich hier in der Begegnung des Engels mit Johannes: Auch Hesekiel sollte eine von Gott gegebene kleine Schriftrolle essen (Hes 2,8–3,3).

Johannes nimmt das Büchlein und verschlingt es. Die Folge ist, was der Engel ihm vorausgesagt hat. Ohne dass Johannes es weiter erklärt, sind plötzlich noch andere Stimmen da, die ihm eine weitere Anweisung geben und damit zugleich die wundersame Erscheinung und den Auftrag des Engels erklären (V. 11 ELB): »Und sie sagen mir: Du musst wieder weissagen über Völker und Nationen und Sprachen und viele Könige.«

Inmitten einer Welt, die von Gott nichts wissen will (vgl. 9,20-21), muss das Evangelium bis ans Ende der Zeit verkündet werden (vgl. Mt 24,14). Auch die irdischen Herrscher, die Regierenden, sollen die Botschaft hören.

Die Botschaft muss eingehen in den Propheten, muss *»ein Teil seiner selbst werden; denn wenn es nur sein Denken erreichen würde, wäre das viel zu wenig. Es ist eine Freude, Gottes Wort zu empfangen, ›süß‹, wie es Hesekiel einst erfuhr (Hes 3,3). ›Süß‹, weil es die Botschaft vom Sieg Gottes ist. Aber das Wissen und die Weitergabe können schmerzlich sein. Bitter und schwer kann die Botschaft auf dem Verkündiger lasten, weil der Sieg mit hartem Kampf verbunden ist.«*[2]

2 Knöppel. a.a.O., S. 140.

Offenbarung 11,1-14: Brennpunkt endzeitlicher Auseinandersetzungen: Jerusalem

Beim Schall der sechsten Posaune begannen weltweite militärische Auseinandersetzungen, zugleich ist es die Zeit weltweiter (10,11) Verkündigung des Evangeliums. Johannes bleibt in das Offenbarungsgeschehen einbezogen.

Jetzt rückt Jerusalem in den Mittelpunkt endzeitlicher politischer Ereignisse. Johannes wird mit einer symbolhaften prophetischen Handlung beauftragt. Ihm wird ein Rohrstab gegeben. Damit soll er den Tempel und die Anbetenden »messen«. Der Tempel, in dem Jesus gelehrt hatte, existiert nicht mehr. Einen neuen Tempel an der Stelle des herodianischen Tempels gibt es noch nicht. Der »Tempel Gottes im Himmel« (11,19 LUT) und der Rauchopferaltar (11,1; vgl. 6,9; 8,3; 9,13) wie auch die Bundeslade (11,19) werden als himmlische Realität geschaut. Ein »äußerer Vorhof« ist offenbar nur auf Erden vorhanden – im irdischen Jerusalem – und wird den Nationen, den Ungläubigen, preisgegeben. Dabei wird Jerusalem, die »heilige Stadt« (11,2 LUT), zerstört, »zertreten« (Lk 21,24 LUT).

Es ist eine symbolische Handlung, zu der Johannes beauftragt wird, für die keine Erklärung gegeben wird. Die Offenbarung, die Johannes empfängt, ist eine Mitteilung des erhöhten Herrn an seine Gemeinde, die ebenfalls als »Tempel« bezeichnet wird:

»Wisst ihr nicht, dass ihr Gottes Tempel seid ...?« (1Kor 3,16 LUT). So kann das »Messen« ein Hinweis auf eine Prüfung, eine Sichtung, sein, die auf die Gemeinde in der Endzeit zukommt. Die Zeit der Scheidung der wahren Anbeter (Joh 4,23-24) von den Namenschristen, den Mitläufern (vgl. 2Mo 12,38; 4Mo 11,4), wird mit Sicherheit kommen.

Der »Tempel Gottes«, von dem hier gesprochen wird, gehört noch der ersten Schöpfung von Himmel und Erde an; in der neuen Welt Gottes wird es keinen Tempel geben (21,22). Die Offenbarung, die Johannes empfängt –, Endzeit wird Prüfungs- und Sichtungszeit für die Gemeinde sein – hat einen realen Bezug zum irdischen Jerusalem.

Jerusalem (»Gründung des Friedens«), die von Gott erwählte Stadt (vgl. 1Kön 8,16.44), die »heilige Stadt« (Neh 11,1.18 LUT; Dan 9,26; Mt 4,5), die »Stadt Davids« (1Kön 2,10; 11,43; 14,31 LUT), die »Stadt des großen Königs« (Ps 48,3 LUT; Mt 5,35), ist eine von Anfang an (2Sam 5,6ff; 15,13ff; 1Kön 14,25ff) bis zum Ende der Zeit umkämpfte Stadt.

Die Zerstörungen der Stadt 587 v.Chr. durch Nebukadnezar und 70 n.Chr. durch den römischen Feldherrn Titus sind nur Vorerfüllungen einer letzten endzeitlichen Beherrschung der Stadt durch heidnische Völker, wie sie von den Propheten Jesaja (Jes 63,18 LUT) und Sacharja (Sach 12,2-3.9; 14,2) vorausgesagt wurden. Jesaja spricht davon, dass die Feinde Israels für »*kurze Zeit*« das »Heiligtum zertreten« werden. Jesus hat angekündigt, dass der Tempel zerstört wird, und gesagt: »Jerusalem wird von den Völkern mit Füßen getreten werden, bis die Zeiten der Völker sich erfüllt haben« (Lk 21,24 ZB).

Als erhöhter Herr bestätigt Jesus diese Voraussage, bestimmt die Dauer aber näher: »Die heilige Stadt werden sie zertreten *zweiundvierzig Monate lang*« (V. 2 LUT).

Das macht deutlich, dass die letzte Phase endzeitlicher Auseinandersetzungen zeitlich begrenzt sein wird, sich möglicherweise (wörtlich genommen) über dreieinhalb Jahre erstrecken wird.

Inmitten der Ereignisse, die mit dem Ertönen der sechsten Posaune (9,13) eintreten und an deren Verlauf die Engelwelt beteiligt ist, vernimmt Johannes eine Stimme aus dem Himmel und erhält Anweisungen, die der erneuten (10,11: *palin prophäteusai* = nochmals, aufs Neue weissagen) weltweiten Verkündigung des Evangeliums dienen sollen. Die gleiche Stimme erteilt dem Apostel den Auftrag, den Tempel und die dort anbetenden Gläubigen zu »messen«. Damit wird der Blick auf Israel und besonders auf Jerusalem, die »heilige Stadt« (11,2 LUT), die »große Stadt« (11,8 LUT), gerichtet.

Diese Stimme ist offenbar die Stimme des lebendigen Gottes, des erhöhten Herrn Jesus Christus, der selber im Verborgenen bleibt. Aber er teilt Johannes mit, was durch sein Handeln – »ich werde ... geben« (11,3 ELB) – in Jerusalem während der »42 Monate« (11,2 ELB) bzw. »1260 Tage« (11,3 ELB) geschehen soll.

Vor Johannes entfaltet sich eine geradezu visionäre Schau, in der deutlich wird, wie sich in der Endphase der Endzeit die Lage für Gottes Volk dramatisch zuspitzt. In der Zeit, in der die »Nationen ... die heilige Stadt zertreten« (11,2 ELB), sendet der Herr zwei Boten (vgl. 5Mo 17,6; 19,15; Lk 10,1), deren Auftreten nicht nur in Israel wahrgenommen, sondern in aller Welt beachtet wird.

Sie treten in Bußgewändern auf, mit Trauergewändern bekleidet (vgl. 11,3; 2Kön 19,1-2), entsprechend wird ihre Verkündigung sein; denn damit quälen sie die Menschen – d.h. ihre Gewissen – in aller Welt (11,10). Diese beiden Zeugen sind zugleich Erfüllung alttestamentlicher prophetischer Bildworte (Sach 4,11-14).

Für die Dauer ihres Auftrages stehen sie unter Gottes Schutz (V. 5). Wenn jemand versuchen wird, sich ihnen entgegenzustellen, sie zu behindern oder ihnen zu schaden, wird er dabei umkommen. Gott rüstet sie mit besonderer Vollmacht aus wie einst

Mose und Elia, Wunder zu tun. Sie vermögen es, wie Elia eine lange regenlose Zeit heraufzuführen und Feuer vom Himmel fallen zu lassen (1Kön 17,1ff; 2Kön 1,10). Auch können sie, wie einst Mose in Ägypten, Wasser in Blut verwandeln (2Mo 7,17ff) und andere Plagen herbeiführen. Aber trotz ihrer Predigt bekehren sich die Menschen in Jerusalem, »der großen Stadt ..., ... in der ... ihr Herr gekreuzigt wurde« (V. 8 GNB), nicht.

Geistlich beurteilt, gleichen die Bewohner den Menschen in Sodom (1Mo 18,20; 19,4-9; Hes 16,49) und in Ägypten (2Mo 14,5), Gottes Widersachern (vgl. 2Mo 15,7), die Gottes Volk unterdrückten.

Die beiden Zeugen *»sind Gottes Werkzeuge, mit denen er noch einmal um die Menschen, jetzt besonders um Israel, ringt. Aber sie stehen einsam und werden als Plagegeister empfunden. In Jerusalem treffen zwei radikal gegensätzliche Mächte aufeinander, die Macht der Gottesboten und die Macht des Antichristen.«*[3]

Menschen vermochten den beiden Zeugen keinen Schaden zuzufügen. Als sie nach Gottes Plan ihren Auftrag erfüllt haben, erscheint eine widergöttliche Macht, ein »Tier, das aus dem Abgrund« (11,7 LUT) heraufkommt, eine Macht aus dem Reich der Dämonen (vgl. 9,11), die mit ihnen öffentlich streitet, sie überwindet und umbringt. Möglicherweise ist dieses »Tier« eine Umschreibung der menschlichen Gestalt des Antichristen, von dem Johannes in seinem Brief geschrieben hat (1Joh 2,18.22).

Die Auseinandersetzung zwischen den beiden Zeugen Gottes und der satanischen Macht des »Tieres« und die öffentliche Leichenschändung werden in aller Welt wahrgenommen. Der Tod der beiden Zeugen wird als ein großer Sieg in aller Welt gefeiert. Ein Freudentaumel erfasst die Menschen. Endlich ist der Bußruf verhallt; der lebendige Gott scheint sich als machtlos erwiesen zu

---

3 Knöppel. a.a.O., S. 143.

haben. Doch die Freude währt nicht lange, sie endet nach dreieinhalb Tagen (V. 11).

Gott greift auf wunderbare Weise ein, die alle menschlichen Möglichkeiten überschreitet. Zwar haben die beiden Propheten (V. 10) eine Niederlage und einen schmachvollen Tod erduldet, aber sie erfahren ebenso wie ihr Herr Jesus Christus, dass Gott nicht nur ins Leiden führt, sondern durch Auferstehung und Himmelfahrt in die Herrlichkeit. »Der Geist des Lebens aus Gott« (V. 11 ELB) gibt den beiden das Leben zurück, und alle Menschen, die sie sahen, wurden von »großer Furcht« erfüllt.

So wie der Herr bei seiner Himmelfahrt in einer Wolke von der Erde genommen wurde (Apg 1,9) und wie die Glaubenden bei der Wiederkunft Jesu »auf den Wolken ... in die Luft« »entrückt werden ... dem Herrn entgegen« (1Thess 4,17 LUT), so werden auch die beiden Zeugen auf einer Wolke entrückt, »und ihre Feinde sahen sie« (V. 12 SCH). Jetzt müssen die, die vorher beim Tod der beiden Zeugen triumphiert haben, ihre Niederlage eingestehen.

Gottes wunderbares Handeln wird von einem Vorzeichen kommender Gerichte begleitet (vgl. 8,5): Jerusalem wird von einem schweren Erdbeben erschüttert, bei dem 7000 Menschen ums Leben kommen. Die Entrückung der beiden Zeugen und diese Katastrophe führen bei den Überlebenden zu einer inneren Erschütterung, einer geistlichen Erweckung: »Und die andern erschraken und gaben dem Gott des Himmels die Ehre« (V. 13 LUT). Damit endet das Geschehen, dem der zweite Weheruf (vgl. 8,13; 9,12; 11,14) galt. Der dritte Weheruf folgt unmittelbar.

Offenbarung 11,15–16,21: Die 7. Posaune – Gottes Gericht an einer gottlosen Welt

Offenbarung 11,15-19: Auftakt zur dritten Katastrophenwelle

Ohne weitere Ankündigung - überraschend - ertönt die 7. Posaune. Als der Engel mit einem aufgeschlagenen Buch vom Himmel kam, wies er bereits auf die besondere Bedeutung hin: Beim Schall der 7. Posaune, der letzten Posaune (vgl. 1Kor 15,51-52), wird der geheime Ratschluss Gottes vollendet (vgl. 10,7; »das Geheimnis Gottes« = *mysterium Dei*). Der Lauf der irdischen Geschichte neigt sich dem Ende zu. Der dritte Weheruf lässt Johannes nichts Gutes ahnen; schon das sechste Siegel (6,12-17) kündete für das Ende ein Zorngericht Gottes an. Jetzt wird ihm - bevor neue Katastrophen hervorbrechen - ein Blick in den Himmel eröffnet und damit eine ganz neue Perspektive im Blick auf die Zukunft möglich.

Er hört zunächst nur, wie die himmlischen Mächte mit lauter Stimme in den Siegesjubel ausbrechen: Gott der Herr und Jesus Christus werden in alle Ewigkeit königlich herrschen. Und er sieht, wie die Vertreter des Gottesvolkes des Alten und Neuen Bundes vor Gottes Thron niederfallen und den allmächtigen, ewigen Gott anbeten. Sie preisen Gott dafür, dass die Stunde seines Gerichtes gekommen ist, dass Gott auf den Zorn der gottlosen Völker mit seinem Zorngericht antworten und die Gemeinde der

Glaubenden endgültig erretten wird. Alle Glieder der Gemeinde Jesu werden an Gottes Herrlichkeit Anteil haben. Die Aufzählung der Knechte Gottes - Propheten, Heilige, Gottesfürchtige (11,18) - umschließt alle Gläubigen, »die Kleinen und die Großen« (11,18 LUT). Der »Lohn« (vgl. Mt 20,1ff; 1Kor 3,14), den sie empfangen, ist nicht erarbeitet, sondern ein Geschenk, Gottes gnädiges Handeln an seinen Kindern. Die Mächte des Verderbens und der Zerstörung werden selber der Vernichtung anheimgegeben.

Und er schaut, wie im Himmel Gottes Gegenwart und seine Selbstoffenbarung - der »Tempel Gottes« (11,19 ELB) und die Bundeslade - sichtbar werden.

»Die sich an den lebendigen Gott halten und denen sich darum die Türen dieser Welt schließen, die haben das bessere Teil erwählt. Ihnen steht der Himmel offen. Sie werden eingehen in den Tempel Gottes.«[4]

Aber auf Erden ziehen am Horizont die Vorzeichen göttlichen Gerichtes auf: Blitze, Stimmen, Donner, Erdbeben und großer Hagel. Gott hatte schon durch die alttestamentlichen Propheten angekündigt, dass seinem Letzten Gericht Naturkatastrophen vorausgehen werden: »Und plötzlich, im Nu wird's geschehen: Vom HERRN Zebaoth wirst du heimgesucht werden mit Wetter und Erdbeben und großem Donner, mit Wirbelsturm und Ungewitter« (Jes 29,5-6 LUT).

Diese Voraussage für das Ende ist nicht aufgehoben, sondern wird jetzt noch einmal bestätigt, es wird sogar noch eine der Plagen in Ägypten, der schwere Hagel (2Mo 9,23-25), hinzugefügt (vgl. 16,21).

4 Knöppel. a.a.O., S. 145.

Offenbarung 12: Die Frau und der Drache: Der Kampf im Himmel und auf Erden

Johannes – versetzt in die himmlische Welt – hat im Thronsaal Gottes geschaut, wie Jesus Christus, der Löwe aus Juda und das Lamm Gottes (vgl. 5,5-6), von Gott dem Vater beauftragt wird, den Heilsratschluss Gottes zur Vollendung zu bringen. Er öffnet die sieben Siegel an der Buchrolle und setzt damit den endzeitlichen Lauf der Welt- und Heilsgeschichte in Gang. Dann hat Johannes den Schall der sieben Posaunen gehört und erlebt, wie zukünftiges Geschehen bildhaft vor seinen Augen abläuft. Die Nöte der Endzeit häufen sich: Naturkatastrophen, der Einfall dämonischer Mächte, weltweite kriegerische Auseinandersetzungen. Beim Ton der letzten Posaune erscheinen »Zeichen im Himmel« (12,1.3 LUT), also Zeichen, die auf Erden nicht wahrgenommen werden. Die Zeichen, die Johannes vor Augen geführt werden, sind keine satanischen Wunderzeichen (vgl. 2Mo 7,11-12.22), die Menschen von Gott wegführen sollen. Es sind Warnzeichen, die zu besonderer Aufmerksamkeit aufrufen. Das Geschehen, das das »Zeichen« darstellt, weist über sich hinaus auf Vorgänge, die nach menschlichem Ermessen nicht vorauszusehen sind. Einzelne Merkmale dieser Zeichen lassen aber das Geschehen, auf das sie hinweisen wollen, in seinen Umrissen erkennen.

Das erste Zeichen: Eine Frau, umstrahlt von der Sonne, einen Sternenkranz auf dem Kopf, bringt einen Knaben zur Welt.

Das zweite Zeichen: ein feuerroter Drache mit sieben Köpfen und zehn Hörnern. Auf jedem seiner Köpfe eine Krone. Mit seinem Schwanz fegt er ein Drittel der Sterne vom Himmel. Er stellt sich vor die Frau, um ihr Kind gleich nach der Geburt zu verschlingen. Denn das Kind soll später die Herrschaft über alle Völker ausüben. Die Worte, die darauf hinweisen, erinnern an die Prophetie in den Psalmen 2,8-9 und 110,5-6, und es sind Worte der Verheißung des erhöhten und verherrlichten Jesus Christus in dem Brief an die Gemeinde in Thyatira (2,27-28).

Der Drache kann seinen Plan nicht ausführen, denn das Kind wird gleich nach der Geburt zum Thron Gottes entrückt. Die Frau aber flieht in eine Wüste an einen von Gott vorbereiteten Ort, wo sie 1260 Tage (dreieinhalb Jahre) versorgt wird.

Johannes wird jetzt Zeuge eines Geschehens, das die beiden Zeichen weiter entfaltet und ihm zugleich wichtige Informationen vermittelt. Er beschreibt mit wenigen Worten einen Krieg im Himmel: Der Erzengel Michael (vgl. Dan 10,13.21; 12,1) und ein himmlisches Heer vertreiben den Drachen und seine Engel aus der himmlischen Welt. Dabei wird die geheimnisvolle Gestalt des Drachen demaskiert: Er ist der »Teufel«, »die alte Schlange« (vgl. 1Mo 3,1ff), der »Satan« (12,9 LUT).

Sein Wirkungsbereich ist jetzt der Lebensraum des Menschen, in dem er seine Macht der Verführung entfaltet. Und Johannes hört, wie eine mächtige Stimme aus dem Himmel den Sieg über den Teufel kommentiert (12,10-12): Gott wird gepriesen; in seiner Hand liegt das Heil der Menschen; er macht mit göttlicher Kraft von seiner königlichen Herrschaft Gebrauch und hat seinem Sohn Jesus Christus alle Vollmacht gegeben: »Nun ist das Heil und die Kraft und das Reich unseres Gottes geworden und die Macht seines Christus« (12,10 LUT).

Die Folgen des Sieges: Der Teufel ist aus der himmlischen Welt ausgeschlossen. Er kann nicht mehr wie bisher (vgl. Hiob 1,9ff; 2,4-5) die Glaubenden vor Gott anklagen.

Die Stimme, die Johannes im Himmel hört, d.h., der dort spricht, stellt sich neben die Glaubenden auf Erden; sie sind »unsere Brüder« (12,10 LUT). Die Grenze zwischen Himmel und Erde wird durchlässig. Das zu wissen, ist für die Glieder der Gemeinde Jesu wichtig. Sie sollen erkennen: Der Teufel hat nicht mehr das Recht, die Gläubigen wegen ihrer Sünden bei Gott anzuklagen und dadurch unablässig ihr Gewissen zu beunruhigen. Sie dürfen jederzeit zu Gott kommen, »los von dem bösen Gewissen« (Hebr 10,22 LUT).

Und was im Himmel geschehen ist, hat Auswirkungen auf Erden. Der Sieg des Erzengels Michael über das Heer des Teufels findet eine Entsprechung im Leben der Gläubigen. Auch sie können auf Erden der Macht des Teufels widerstehen und ihn besiegen. Das aber nicht aus eigener Kraft. »Denn die Waffen, mit denen wir kämpfen, sind nicht schwach wie Menschenwaffen, sondern mächtig durch die Kraft Gottes« (2Kor 10,4 LUT75). Sie haben sich immer wieder unter die Kraft des Blutes Jesu gestellt, das »rein« macht »von aller Sünde« (1Joh 1,7 LUT) und den Zugang zum Thron Gottes im Gebet gewährt (Hebr 10,19ff). Sie haben sich offen zu Jesus bekannt und waren bereit, dafür ihr Leben einzusetzen.

Über diesen Sieg und seine Folgen herrscht im Himmel jubelnde Freude (V. 12). Über der irdischen Welt, »Land und Meer« (EÜ), dem Lebensraum des Menschen, wird das »Wehe!« ausgerufen, »denn der Teufel ist zu euch herabgekommen; er ist voller Zorn, weil er weiß, dass ihm wenig Zeit bleibt« (ZB).

Die »Zeichen«, die Johannes gezeigt werden, übermitteln eine Botschaft und *»verdichten sich zu geschichtlichen Fakten. Die ›Frau‹ (V. 13 lut) ist im Alten und Neuen Testament ein Bild für die Gemeinde Gottes, denn Gottes Volk ist Gott ›angetraut‹ und bleibt in Treue bei ihm. Wenn Gottes Volk aber von Gott abfällt und sich fremden Göttern zuwendet, wird es zur ›Hure‹«*[5] (vgl.

5 Knöppel. a.a.O., S. 147.

Jer 3,6-13; Eph 5,25-33). Das Bild des »Sohnes« (V. 5 LUT), den die Frau zur Welt bringt und der die Völker regieren soll, weist auf Jesus Christus hin, den Herrn der ganzen Welt. Und der Teufel wird als »Drache« und die »alte Schlange« (V. 9 LUT) beschrieben. Er ist der Feind Gottes, er möchte Gottes Werk zum Heil der Menschen zerstören - aber er ist ein besiegter Feind.

Und weil er in der himmlischen Welt seine Macht nicht mehr ausüben kann, richtet sich sein abgrundtiefer Hass gegen die Gemeinde Jesu auf Erden. Der Sieg über den Teufel im Himmel hat ein Nachspiel auf Erden (V. 13-17): Der Drache verfolgt die Frau und versucht, sie umzubringen. Ihr aber werden Adlerflügel gegeben, mit denen sie in die Wüste fliehen kann. Der Drache speit einen mächtigen Wasserstrom aus, der die Frau ertränken soll, aber die Erde tut sich auf und lässt den Strom versiegen. Die Frau - wie schon im ersten Teil der Enthüllung des Zeichens (V. 6) - wird von Gott in der Wüste bewahrt und versorgt, für einen von Gott festgesetzten Zeitraum: »1260 Tage« (ELB), das sind dreieinhalb Jahre - »eine Zeit und zwei Zeiten und eine halbe« (V. 14 LUT). Als der Drache erkennt, dass alle seine Versuche, die Frau umzubringen, scheitern, richtet sich sein Zorn gegen die »Übrigen ihrer Nachkommenschaft, welche die Gebote Gottes halten und das Zeugnis Jesu haben« (V. 17 ELB). Verfolgung der Gläubigen durch den Satan und Bewahrung durch Gottes Macht (vgl. 1Petr 1,5), darauf weisen die Zeichen hin. Sie entfalten sich noch weiter.

Offenbarung 13: Das Tier aus dem Meer und das Tier von der Erde

Es ist so, als würde von einem mehrfach verschleierten Bild ein Schleier nach dem anderen entfernt, sodass die Einzelheiten immer deutlicher zu erkennen sind.

Die Zeichen, die auf zukünftiges Geschehen hinweisen, zeigen ein neues Bild. Der Drache tritt an den Strand des Meeres, er steht am Rand des Völkermeeres und sieht aus den Fluten ein Tier emporsteigen (13,1; vgl. 4,6 und dazu Ps 65,8; Jes 17,12-14; Jer 51,42; Dan 7,2). Was Johannes jetzt schaut, erinnert ihn an eine vorlaufende Offenbarung, die Jahrhunderte zuvor der Prophet Daniel von Gott empfangen hatte.

Daniel schildert die Weltmächte als Raubtiere, die aus dem Völkermeer aufsteigen; das letzte, das vierte Tier »war furchtbar und schrecklich und sehr stark« (Dan 7,1-7 LUT). »Es war auch ganz anders als die vorigen Tiere und hatte zehn Hörner« (Dan 7,7 LUT). Ebenso erscheint das Tier aus dem Meer, das Johannes sieht (13,1). Der Drache überlässt diesem Tier »seinen Thron und große Macht« (13,2 LUT). Daniel sah, dass dieses unheimliche Tier »ein anderes kleines Horn« bekam: »Das Horn hatte Augen wie Menschenaugen und ein Maul; das redete große Dinge« (Dan 7,8.25 LUT).

Johannes hört: Das Tier »tat sein Maul auf zur Lästerung gegen Gott, zu lästern seinen Namen und seine Hütte und die im Himmel wohnen« (13,6 LUT). Beide Tiere zeigen eine abgrundtiefe

Feindschaft gegen Gott und sein Volk, und es gelingt ihnen, die Schar der Glaubenden zu vernichten (mindestens in ihrem Erscheinen in der Öffentlichkeit; Dan 7,21; Offb 13,7).

Beide Offenbarungen bezeugen, dass die Zeit des Aufruhrs gegen Gott zeitlich begrenzt ist (Dan 7,25; Offb 12,6.14; 13,5), und sprechen von dreieinhalb Jahren. Beide Tiere sind bildhafte Beschreibungen für eine widergöttliche, antichristliche Weltmacht, die ihre Spitze in einer Person, einem Menschen, hat (Dan 7,21.24; Offb 13,18), dem Antichristen (1Joh 2,18-19), der am Ende überwunden, gerichtet und endgültig beseitigt wird (Dan 7,26-27; Offb 19,19-20).

Das raubtierähnliche Tier, das Johannes aus dem Meer heraufsteigen sieht, hat zehn Hörner und sieben Köpfe, es ist dem feuerroten Drachen ähnlich (12,3); aber es trägt keine Kronen, sondern an seinen Köpfen gotteslästerliche Namen. Und sein Aufstieg scheint sich nicht widerstandslos vollzogen zu haben, denn einer seiner Köpfe wird tödlich verwundet, aber auf wunderbare Weise geheilt. Dies ruft eine einheitliche Reaktion der Menschen hervor: Ihre Verwunderung über das Erlebte verführt sie dazu, den Drachen – den Satan – und das Tier, seinen Statthalter auf Erden, den Antichristen, anzubeten.

Dem Tier wird es möglich, »es wurde ihm gegeben« (V. 5.7 LUT), die »Heiligen«, die Glieder der Gemeinde Jesu, zu unterdrücken, mit ihnen Krieg zu führen »und sie zu besiegen« (V. 7 ZB). Und es übt unumschränkte Macht über die Völker aus.

Aber die kleine Schar der Glaubenden verweigert die Anbetung. Es wird noch einmal betont, dass alle Menschen den Antichristen anbeten, aber es sind die, »deren Namen nicht vom Anfang der Welt an geschrieben stehen in dem Lebensbuch des Lammes, das geschlachtet ist« (V. 8 LUT).

Ein kurzer Zwischenruf unterbricht den Hergang des Zeichens: »Wenn jemand ein Ohr hat, so höre er!« (V. 9 ELB). Von wem dieser Ruf kommt, wird nicht gesagt. Aber so hat Jesus gesprochen, als er seinen Zuhörern ein Gleichnis erzählte (Mt 13,9 vgl. 11,15). Und mit diesen Worten hat der erhöhte Christus in den Sendschreiben die Gemeinden aufgefordert, auf seine Warnungen und Verheißungen zu achten (Offb 2,7 u.a.). Es geht um eine kurze Dienstanweisung für die Glaubenden: Entzieht euch nicht der Führung Gottes, wenn sein Weg ins Leiden und ins Martyrium führt (13,10 vgl. 2,10).

Das »große Zeichen im Himmel« (12,1 ELB) – die Frau und der Drache, der Krieg des Erzengels Michael gegen den Satan, die Verfolgung der Frau durch den Drachen und das Tier aus dem Meer – wird noch einmal erweitert: Zusammen mit dem Tier, das den Antichristen verkörpert, erscheint ein Tier ganz anderer Art. Es steigt nicht aus den Meereswellen empor, es kommt vom Land. Es erscheint nicht als Raubtier, sondern sieht aus wie ein Lamm mit zwei Hörnern. Aber es ist kein Lamm, denn es redet wie der Drache. Es ist nicht das Lamm, das vor dem Thron Gottes steht (5,6), das noch die Wundmale trägt, sondern eine Macht, die wie Christus vor den Menschen erscheint, aber die Botschaft des Teufels hat und damit die Menschen verführt.

Das Raubtier aus dem Meer, der Antichrist, hat seine Macht vom feuerroten Drachen, dem Teufel, empfangen und gibt diese Macht weiter an das Lamm, eine Gestalt, die später als der »falsche Prophet« entlarvt wird (vgl. 16,13 ELB).

Mit dieser teuflischen Vollmacht ist die Fähigkeit verbunden, Wunder zu vollbringen, wie der Prophet Elia (2Kön 1,10) Feuer vom Himmel fallen zu lassen (13,13). Es ist dieser »falsche Prophet«, der durch seine »großen Zeichen« (V. 13 ELB) die Bewohner der Erde dazu verführt, dem Tier aus dem Meer, dem Antichristen, göttliche Verehrung zu bezeugen, ihn anzubeten (V. 4.8.12). Und er veranlasst die Menschen, dem Antichristen ein Bild, ein Denkmal, zu errichten, wahrscheinlich ein Standbild ähnlich dem des Nebukadnezar (Dan 3,1-7); dieses Bild vermag sogar zu sprechen. Und dann erlässt der »falsche Prophet« zwei Verordnungen: Wer nicht bereit ist, das »Bild des Tieres« anzubeten, soll hingerichtet werden (V. 15 ELB).

Ausnahmslos alle Menschen, »Kleine und Große, Reiche und Arme, Freie und Sklaven« (V. 16 NGÜ), sollen ein Bekenntnis zum Tier, zum Antichristen, ablegen; jeder soll an seiner Stirn oder an seiner Hand ein eingeätztes »Zeichen« (V. 16-17 ELB) bzw. die Namenszahl des Antichristen tragen. Wer das verweigert, dem wird die Existenzgrundlage entzogen; ohne das »Zeichen« wird man weder etwas kaufen noch verkaufen können. Man wird völlig auf die mitleidige Hilfe anderer angewiesen sein. Die ganze Tragweite dieses Geschehens, der Annahme des Zeichens an Hand oder Stirn, wird erst Offb 14,9-11 deutlich.

Ein abschließendes Wort beendet das »große Zeichen am Himmel« (12,1 ELB): Zur rechten Deutung des zukünftigen Geschehens, auf das das Zeichen aufmerksam macht, bedarf es der Weisheit und des Urteilsvermögens, um »die Zahl des Tieres« zu »berechnen« (vgl. V. 18 ELB). Die Zahl ist die Zahl eines Menschen, hinter dem Tier aus dem Meer verbirgt sich also eine Person, und der Buchstabenwert des Namens ist 666 (13,18): »Hier ist Weisheit! Wer Verstand hat, der überlege die Zahl des Tieres« (LUT; oder: »berechne« ELB).

Verstand ist das natürliche, schöpfungsgemäße Erkenntnisvermögen, der Intellekt, mit dem wir die uns zugängliche Wirklichkeit der Schöpfung erkennen und die Zusammenhänge innerhalb der materiellen Welt entdecken können. Dieses Erkenntnisvermögen ist jedem Menschen in unterschiedlichem Maß mitgegeben, es ist entwicklungsfähig und soll mit zunehmendem Alter geschult und entwickelt werden (vgl. 1Kor 13,11). Der Verstand hat seine Grenzen, z.B. die Erfahrung der göttlichen Dimension, des Friedens mit Gott und des Friedens, den er schenkt, übersteigt unsere natürliche Verstehensmöglichkeit (Phil 4,7).

Weisheit im biblischen Denken umschließt ein stetig zunehmendes Verständnis für Gottes Heilsgedanken, wie sie in der Heiligen Schrift offenbart sind, die Erkenntnis seines Willens sowohl in seinem Heilsplan als auch im persönlichen Leben eines Menschen und die Umsetzung seines Willens im alltäglichen Leben.

Zur Weisheit gehört die Einsicht in die eigenen Grenzen. Sie leitet dazu an, sich nicht auf Menschen zu verlassen, sondern immer abhängiger vom Herrn zu werden. Weisheit ist ein Gespür für Gottes Führung im persönlichen Leben, ebenso Erkenntnis der Zusammenhänge von Gottes Handeln in der Geschichte. Weisheit ist keine selbstverständliche Eigenschaft eines alt gewordenen Menschen: »Die Betagten sind nicht die Weisesten« (Hiob 32,8-9 LUT). Die erfahrungsreiche Weisheit des Alters ist Frucht eines langen Lebens mit Gott.

Weisheit ist eine Gabe Gottes, die erbeten werden muss (1Kön 3,12; Jak 1,5). Sie ist nur erfahrbar für den, der Gott und seinem Wort in demütiger Ehrfurcht begegnet, Ps 111,10 ELB: »Die Furcht des Herrn ist der Weisheit Anfang« (vgl. Hiob 28,28; Spr 9,10). Weisheit und Heiliger Geist gehören zusammen (Apg 6,3); nur Gottes Geist erschließt uns Gottes Gedanken (1Kor 2,6-12).

Weisheit und Verstand sind keine sich gegenseitig ausschließenden Gegensätze. In der Endzeit sind beide wichtig. Es bedarf eines an der Bibel orientierten kritischen Denkens, um die antichristlichen Kräfte zu erkennen (vgl. 1Joh 2,28; 4,1), die in der Welt wirksam sind, und um die antichristlichen Strömungen wahrzunehmen, die in die Gemeinden der Glaubenden eindringen. Geistliche Weisheit wird dazu helfen, sorgfältig zu prüfen, nicht vorschnell zu urteilen oder in Panik zu geraten und den Mächten der Verführung mit Besonnenheit zu widerstehen.

Offenbarung 14: Rettung der Gläubigen und Gottes Gericht

Der Schall der siebten, der letzten Posaune ist verhallt (11,15), der himmlische Lobgesang (11,17-18) verklungen, das »große Zeichen im Himmel« (12,1–13,17 ELB) mit der Schreckensbotschaft von der Verfolgung der Gemeinde Jesu verschwunden. Jetzt sieht (V. 1) und hört (V. 2) Johannes, dass die Schreckenszeit nach kurzer Zeit vorüber sein wird, dass am Ende der Sieg Jesu stehen wird. Er sieht Christus als das Lamm, »das der Welt Sünde trägt« (Joh 1,29 LUT), auf dem Berg Zion und bei ihm 144 000.

Es wird nicht bestätigt, aber wahrscheinlich sind es die 144 000, deren »Versiegelung« mit einem göttlichen Zeichen (7,3-4) Johannes zuvor erlebt hat. Es sind Menschen, die die Zusage göttlicher Bewahrung in der Zeit äußerster Bedrängnis erhalten hatten. Sie sind durch die Zeit des Schreckens hindurchgegangen und stehen jetzt an der Seite des Siegers auf dem Berg Zion, dem Ort der Errettung (Jes 4,5; Joel 3,5).

Und Johannes hört »eine Stimme« (V. 2 ELB) ganz eigener Art. Es ist ein überirdischer Klang; zu seiner Beschreibung reicht kein irdischer Vergleich aus. Johannes beschreibt ihn wie das Rauschen gewaltiger Wasserwogen und mächtiger Donnerschläge, zugleich wie die Musik eines Orchesters von Harfenspielern.

Das alles vermischt sich mit dem Gesang der 144 000 vor Gottes Thron, vor den vier himmlischen Wesen (4,6-8) und den 24 Ältesten. Sie singen »ein neues Lied«, ein Lied, dessen Wortlaut außer den 144 000 niemand lernen kann (V. 3 ELB), dessen Inhalt von Johannes nicht wiedergegeben wird.

Schon in den Psalmen des Alten Testaments ergeht der Aufruf, mit einem »neuen Lied« Gottes Ehre und Majestät zu besingen (Ps 33,3; 96,1; 98,1; 144,9; 149,1), und die Aufforderung gilt nicht nur den Gläubigen, sondern allen Menschen (Jes 42,10). Der Grundton dieses neuen Liedes ist der Dank für die erfahrene Erlösung und Rettung durch Gott (Ps 40,2-4) und der Lobpreis seiner Herrlichkeit.

Die 144 000 singen »ein neues Lied« (V. 3 ELB); vielleicht ist es das gleiche »neue Lied«, das die vier himmlischen Thronwächter und die 24 Ältesten vor Gottes Thron angestimmt hatten (5,9-10): ein Lied, das die Herrlichkeit Jesu Christi besingt, seinen Opfertod, mit dem er seine weltweite Gemeinde erlöst hat, und die himmlische Berufung der Gläubigen zu Königen und Priestern, zur Teilhabe an Jesu königlicher Herrschaft und seinem ewigen Hohepriestertum (Hebr 7,25).

Johannes erhält in Bildern und Begriffen der Heiligen Schrift eine Erklärung, wer zu dieser singenden Schar der 144 000 gehört (V. 3-5). Es sind Menschen, die »von der Erde erkauft« (ELB) sind, von den »Menschen ... freigekauft« (V. 3-4 EÜ).

Was Johannes in den Worten des »neuen Liedes« im Thronsaal erfahren hatte (5,9), wird ihm hier noch einmal bestätigt. Christus hat sein Leben als Kaufpreis für sie gegeben, mit seinem Blut als Lösegeld (Mt 20,28) für sie bezahlt, sie losgekauft von der Macht der Sünde, des Todes und des Teufels. Sie sind jetzt sein Eigentum (1Kor 6,20; 7,23), damit ausgesondert von allen übrigen Menschen, getrennt von einem Leben nur nach innerweltlichen Ordnungen. Sie sind Glieder der Gemeinde Jesu.

Die 144 000 sind ein Zeichen der Hoffnung. Denn sie sind »Erstlinge für Gott und das Lamm« (V. 4 LUT), eine »Erstlingsfrucht« (ELB), auf die eine Ernte folgt. Gottes Ordnung für Israel sah vor, dass die Ernte erst eingebracht würde, wenn zuvor die besten der ersten Garben des Getreides oder der Feldfrüchte Gott dargebracht waren (2Mo 23,19; 5Mo 26,1-3).

So ist die Gemeinde Jesu eine Erstlingsfrucht für den lebendigen Gott und deutet darauf hin, dass nach der Vollendung der Gemeinde, wenn »die Vollzahl der Nationen« das Heil erlangt hat (Röm 11,25-26 ELB), Gott im 1000-jährigen Reich noch weitere Menschen in seine Herrlichkeit rufen wird (vgl. 20,1-5).

Sollten mit den 144 000 als symbolische Größe nur Menschen »aus allen Stämmen Israels« (7,4 LUT) gemeint sein, also messianische Juden, die in der Zeit zwischen Pfingsten und der Wiederkunft Jesu zum Glauben an Jesus gekommen sind, dann wären sie als »Erstlingsfrucht« ein Hinweis darauf, dass nach Vollendung der Gemeinde noch eine Ernte erfolgt, die der Apostel Paulus erwartet hat: Dann wird »ganz Israel gerettet werden« (Röm 11,26 LUT).

Die 144 000 sind in ihrer himmlischen Existenz Jesus Christus wesensgleich, sie sind »untadelig« (V. 5 ELB), sie sind fehlerlos (1Joh 3,2). Jesus war in seinem Wesen und Wirken fehlerlos, »untadelig« (vgl. Joh 8,46), und konnte deshalb als fehlerloses Opferlamm am Kreuz für die Schuld aller Menschen bezahlen (1Petr 1,19; Hebr 9,14; vgl. 3Mo 22,18-21).

Der Apostel Paulus hat in seinen Briefen als wichtigen Ausdruck der Heiligung ein »untadeliges« Verhalten der Christen angemahnt (Eph 1,4 LUT; Phil 2,15). Was als Zielvorstellung bleibt, aber in der irdischen Existenz von den Gläubigen nicht erreicht wird (vgl. 1Joh 2,1), das bewirkt Jesus Christus.

ER – und nur ER allein – wird seine Gemeinde – als seine »Braut« (19,7-8 ZB; 21,10) – »untadelig« vor Gott, seinen Vater, stellen (Eph 5,27 LUT; Kol 1,22 vgl. Judas V. 24).

Die 144 000 haben dieses Ziel erreicht. Und weil sich Jesu Wesen in ihrer himmlischen Existenz völlig ausgestaltet, an ihnen sichtbar wird, stehen die Namen Gottes des Vaters und Jesu Christi »an ihren Stirnen geschrieben« (14,1 ELB). Was der erhöhte Christus in seinem Sendschreiben an die Gemeinde in Philadelphia den »Überwindern« verheißen hat (vgl. 3,12) und was an den 144 000 sichtbar wird, das wird in der neuen Welt Gottes allen Gläubigen zuteilwerden (22,4).

Die 144 000 sind Menschen, die von Herzen Jesus nachfolgen: »Sie folgen dem Lamm, wohin es geht« (14,4 EÜ). So wie Jesus die Wahrheit Gottes verkörperte, Wort und Leben bei ihm eins waren (Joh 8,25-26; 14,6), und wie er völligen Gehorsam gegenüber seinem himmlischen Vater lebte - bis zum Tod am Kreuz (Joh 5,19; Phil 2,8) ebenso ist Wahrhaftigkeit (vgl. Eph 4,25; Kol 3,9) ein Beispiel gelebter Nachfolge –, »in ihrem Mund fand sich keinerlei Lüge« (14,5 EÜ) - wie auch der Wille, der Führung Jesu zu folgen (Joh 10,27; Phil 2,12).

Im Alten Testament werden oft im Verhältnis zu Gott Götzendienst und Tempelprostitution als Ehebruch und Hurerei (Prostitution) bezeichnet (5Mo 23,18; Jer 3,6-10; 18,13; Hes 16; Hos 4,12-14). Beides zerstört die Beziehung zu Gott, »befleckt« (14,4 ELB) den Menschen, steht unter dem Nein Gottes und zieht sein Gericht nach sich. Eine Frau, die mit einem Mann verlobt war, stand unter dem Schutz der Ordnungen Gottes. Ihre jungfräuliche Reinheit war unantastbar (5Mo 22,23-29). Der Apostel Paulus spricht von seinen Bemühungen um ein geheiligtes Leben der Christen: »Ich habe euch verlobt mit einem einzigen Mann, damit ich Christus eine reine Jungfrau zuführte« (2Kor 11,2 LUT).

So kann jungfräuliche Reinheit Ausdruck für eine unbelastete Beziehung zu Gott sein, für eine Nachfolge Jesu, die von der Liebe zu ihm bestimmt ist. »Du sollst den Herrn, deinen Gott, lieben mit deinem ganzen Herzen und mit deiner ganzen Seele und mit deinem ganzen Verstand« (Mt 22,37 ELB; vgl. 5Mo 6,5). Die 144 000 stehen als »Jungfrauen«, in jungfräulicher Reinheit, bei Christus auf dem Berg Zion, stellvertretend für die ganze vollendete Gemeinde Jesu in Gottes Herrlichkeit.

In der Vision, die Johannes erlebt, geht der Blick vom Berg Zion hinauf zum Himmel (14,6-12). Dort sieht er einen Engel fliegen, der mit lauter Stimme eine Botschaft verkündet, die sich ohne Ausnahme an alle Menschen auf der Erde richtet und unverändert für alle Zeiten gilt. – Der Ausdruck »jede Nation, Stamm, Sprache und Volk« (vgl. V. 6) kann als Hinweis auf das Phänomen endzeitlicher Globalisierung verstanden werden (vgl. 5,9; 7,9; 10,11; 11,9; 13,7; 17,15). – Johannes beschreibt diese Botschaft als »ewiges Evangelium« (14,6 LUT). Aber die »gute Nachricht« ist ein Bußruf, der zur Anbetung des allmächtigen Schöpfers auffordert. Zugleich ist sie eine Warnung für alle Menschen, denn jetzt ist noch Zeit zur Umkehr, bevor die Stunde des göttlichen Gerichtes anbricht.

Ein zweiter Engel folgt (V. 8), der mit seiner Verkündigung in die Zukunft weist und die Folge göttlichen Richtens aufzeigt: Babylon – hier ohne Erklärung genannt –, die antichristliche Verführungsmacht mit weltweitem Einfluss, ist endgültig besiegt. Was in Gottes Ratschluss für die Zukunft beschlossen ist, wird so gewiss eintreten, dass der Engel es als schon geschehen verkündigen kann.

Die biblischen Namen »Babel« und »Babylon« weisen auf die Auflehnung der von Gott abgefallenen Menschheit hin, die Gottes Gebote missachtet (vgl. Ps 2,2-3). »Babel« steht für den Gipfel menschlichen Hochmuts und der Selbstvergötterung (1Mo 11,1-9) und in Folge davon der Zerstrittenheit der Völker untereinander (1Mo 14,1-4).

»Babylon« ist ein Hinweis auf den brutalen Kampf gegen Gottes Volk auf Erden mit dem Ziel, Israel und die Gemeinde Jesu zu vernichten. Wurde die Kriegsmacht Babylons ursprünglich von Gott als »Werkzeug seines Zorns« (Jes 13,5 LUT) gebraucht, so hat der König von Babylon die von Gott gesetzten Grenzen überschritten und seine Macht missbraucht, um Israel auszulöschen.

Das Ziel des endzeitlichen Babylons wird die Verführung der Gläubigen zur Unterwerfung und Anbetung der antichristlichen Staatsgewalt (Offb 13) und schließlich die Vernichtung der Gemeinde Jesu sein.

Wie Gott das babylonische Reich untergehen ließ (Jes 13; 14,1-23, besonders V. 22-23 und Jes 47,6-7; Sach 1,15), wird er auch dem endzeitlichen Babylon ein Ende bereiten.

Den zwei Engeln, die Johannes über den Zenit fliegen sieht, folgt ein dritter Engel, der mit mächtiger Stimme eine Gerichtsbotschaft verkündet. V. 9-12: In seinen Worten weist er zurück auf das Szenario der antichristlichen Staatsmacht und der antichristlichen Kirche (Offb 13), das Johannes zuvor geschaut hat. Am Anfang der Botschaft steht eine Warnung (V. 9), die der Engel am Schluss mit den gleichen Worten eindringlich wiederholt (V. 11b). Niemand soll der Verführung der antichristlichen Kirche, des »falschen Propheten« (vgl. 16,13; 19,20), folgen. Wer »das Bild des Tieres« (13,15 LUT) anbetet und als Bekenntnis seiner Solidarität mit »dem Tier« an seiner Stirn oder Hand das Zeichen oder die Namenszahl des Antichristen trägt (13,16), wird den »Zornwein Gottes« trinken müssen, der ihm »ungemischt« (unverdünnt) im göttlichen »Kelch des Zornes« eingeschenkt wird (vgl. V. 10).

Die Botschaft des Engels ist Johannes ohne Weiteres verständlich. Schon im Alten Testament ist der »Becher Zornwein« (Jer 25,15 ELB), »der Becher seines Zorns« (Jes 51,17 ZB), Hinweis auf Gottes Gericht. In diesem Gericht, auf das der Engel hinweist, geht es nicht um irgendwelche Tatsünden der Menschen, sondern um die zentrale Frage, wem die Anbetung gebührt, Gott und Jesus Christus oder dem Satan und seinen irdischen Platzhaltern.

Durch die Botschaft der Engel sollen die Glieder der Gemeinde

Jesu gemahnt und ermutigt werden. Sie sollen der Versuchung widerstehen, bei der die antichristliche Kirche sich mit der antichristlichen Staatsmacht solidarisiert, die die Gemeinde der Glaubenden vernichten will (13,7). – Wer sich den dämonischen Mächten ausliefert und dem Widersacher Gottes die Anbetung erweist, die Gott allein gebührt, kann im Letzten Gericht nicht mit der Gnade Gottes rechnen (vgl. Mt 12,31-32; 1Joh 5,16). Für ihn wird Gottes Gericht »ein Kelch des Grauens und Entsetzens« sein (Hes 23,33 LUT). Unvorstellbar ist die Strafe für den, der Gott das Vertrauen und den Gehorsam und die Anbetung verweigert. »In alle Ewigkeit ... Tag und Nacht« (V. 11 EÜ) wird es wie Feuer in seinem Gewissen brennen und ihn quälen, für immer von der Gemeinschaft mit Christus und der himmlischen Welt ausgeschlossen zu sein. Es wird einem nie verlöschenden Feuer gleichen, dessen Rauch unablässig aufsteigt und den Blick auf die Sonne unmöglich macht.

Ob der letzte Satz (V. 12 ZB), »Hier ist von den Heiligen Standhaftigkeit gefordert«, das Schlusswort der Engelbotschaft bildet oder ob es eine Schlussfolgerung ist, die Johannes selber bei der Niederschrift der Offenbarung gezogen hat, muss offenbleiben.

Im Rückblick auf das Geschehen, das Johannes als »großes Zeichen ... im Himmel« (12,1 ELB) geschaut hat, wird eines deutlich: Bei dem massiven Druck, der von den gottfeindlichen Mächten auf die Glieder der Gemeinde ausgeübt wird – bis zum Martyrium –, wird alles darauf ankommen, dass die Gläubigen an Gottes Ordnung und an der engen Gemeinschaft mit dem auferstandenen Christus festhalten. Sie sollen in Geduld warten, bis Gott eingreift und der Not ein Ende macht.

Mitten hinein in das Wirken der Engel ertönt ein Zwischenruf aus dem Himmel, ein erneuter Befehl an Johannes (vgl. 1,11.19), das Gehörte aufzuschreiben (vgl. 2,1 par.).

Am Beginn der Offenbarung hat Johannes den erhöhten Herrn

Jesus Christus gesehen und seine Stimme vernommen (1,10; 4,1). Die »Stimme vom Himmel«, die er jetzt hört (14,13 LUT vgl. 10,4.8; 11,1), wird wahrscheinlich ebenfalls die Stimme des Herrn sein. Von Anfang an konzentriert sich die Botschaft auf die Wiederkunft Jesu (1,7-8 vgl. 2,25; 3,11). Aber vor seinem zweiten Kommen werden Ereignisse eintreten, die der himmlische Botschafter in Gestalt eines Adlers (8,13) mit einem dreimaligen lauten Weheruf angekündigt hat: Dämonische Mächte werden die Menschen quälen (9,1-12), bei einer weltweiten militärischen Auseinandersetzung wird ein Drittel der Menschheit umkommen (9,13-19); damit verbunden ist jeweils der Ton der fünften und sechsten Posaune (11,14-15).

Schließlich wird beim Schall der siebten Posaune der Lebensraum der Menschen zerstört (15,1.5; 16,1-21). Erst auf dem Höhepunkt antichristlicher Machtentfaltung wird Gott eingreifen (vgl. Mt 13,30). Christen mögen die Wiederkunft Jesu herbeisehnen und wünschen, diesen Augenblick auf Erden mitzuerleben (vgl. 1Thess 4,16-17; 1Kor 15,51-52; 2Kor 5,2). Hier preist der erhöhte Herr die Glieder seiner Gemeinde glücklich, die vorher durch das Sterben in die Ewigkeit gehen, die also die schwersten Nöte der Endzeit nicht mehr erleben werden. »Selig sind die Toten, die in dem Herrn sterben von nun an« (V. 13 LUT). Sie sind daheim im Frieden Gottes, die Zeit der Bewährung in der Nachfolge ist zu Ende, der geistliche Ertrag ihres Lebens ist bei Gott aufgehoben. Der Heilige Geist bestätigt die göttliche Zusage: »Ja, der Geist spricht, dass sie ruhen von ihren Mühen; denn ihre Werke folgen ihnen nach« (V. 13 LUT).

Nachdem Johannes die drei Engel mit ihrer universalen (V. 6) Botschaft über den Zenit fliegen gesehen hat, löst sich die Grenze zur unsichtbaren Welt Gottes auf. Er sieht, wie Engel in das endzeitliche Geschehen einbezogen sind.

Zunächst sieht er eine weiße Wolke und auf ihr eine Person,

dem verherrlichten Christus ähnlich. Die Erscheinung wird mit den gleichen Worten beschrieben, die der Prophet Daniel gebraucht hat, als er die himmlische Gestalt des »Menschensohnes« als Weltenrichter beschrieb (Dan 7,13 EÜ). Mit den gleichen Worten hat Jesus Christus in seiner Rede auf dem Ölberg seine Jünger auf sein zweites Kommen vorbereitet (Mt 24,30). Der »Menschensohn« trägt eine goldene Krone und hält eine scharfe Sichel in seiner Hand. Ein Engel tritt aus dem »Tempel Gottes im Himmel« (11,19 ELB; 14,17) hervor und fordert den königlichen Menschensohn auf, seine Sichel zu gebrauchen und die Erde abzuernten. »Denn die Stunde des Erntens ist gekommen, denn die Ernte der Erde ist überreif geworden« (14,15 ELB). Mit einem kurzen Satz wird gesagt, was nun geschieht, ohne irgendeine Einzelheit zu erwähnen: Der königliche Weltenrichter führt das Gericht durch. Die Menschheit ist gerichtsreif. Es ist ein Gericht über die Generation von Menschen, die leben, wenn Christus wiederkommt.

In einer erneuten Erscheinung (14,17-20) wird noch einmal eindringlich auf dieses Gericht hingewiesen. Ging es zuerst um eine Getreideernte, so rückt jetzt die Weinernte ins Bild, und wieder sind Engel am endzeitlichen Geschehen beteiligt. Aus dem himmlischen Tempel (vgl. V. 15) tritt zuerst ein Gerichtsengel mit einer scharfen Sichel hervor. Ihm folgt ein weiterer Engel, der das Feuer auf dem Räucheropferaltar hütet (vgl. 8,3; 2Mo 30,7-8), und gibt dem Engel mit der Sichel die Anweisung, die »Trauben vom Weinstock der Erde« zu ernten, »denn seine Beeren sind reif« (V. 18 ELB). Jetzt erntet der Engel den »Weinstock der Erde« ab und wirft die Trauben in die Kelter.

Dieser Vorgang erinnert Johannes an die alttestamentlichen Gerichtsworte Joel 4,13 LUT: »Kommt und tretet, denn die Kelter ist voll, die Kufen laufen über, denn ihre Bosheit ist groß!«, und Jes 63,3 LUT: »Ich trat die Kelter allein, und niemand unter den

Völkern war mit mir. Ich habe sie gekeltert in meinem Zorn und zertreten in meinem Grimm. Da ist ihr Blut auf meine Kleider gespritzt.« Wie beim »Kelch des Zornes Gottes«, von dem der dritte Gerichtsengel gesprochen hatte (V. 10-11), wird auch das Bild von der Weinpresse mit erschreckender Anschaulichkeit gezeichnet. Die Kelter wird »außerhalb der Stadt« (V. 20 ELB) getreten; der Name der Stadt wird nicht genannt. Aus der Kelter fließt nicht Traubensaft, sondern Menschenblut, und zwar wie ein Strom, so tief, dass es Pferden bis ans Zaumzeug reicht, und der 1600 Stadien (ca. 296 km) weit fließt. Es wird ein Gericht unvorstellbaren Ausmaßes sein.

Offenbarung 15: Feierliche Vorbereitung der letzten Katastrophen

Mit der 7. Posaune, der letzten Gerichtsposaune, wurde das dritte »Wehe!«, das letzte »Wehe!«, eröffnet (11,14-15). Nach dem himmlischen Lobpreis (11,17-18) des allmächtigen Gottes erschienen die beiden »großen Zeichen ... im Himmel« (12,1-3 ELB): die schwangere Frau, vom Licht der Sonne umstrahlt, und der »Drache«, der Teufel, der die Frau vernichten wollte, und nachfolgend das Offenbarwerden des Antichristen (12–13).

Der Blick des Johannes bleibt nicht haften an den Nöten der bedrängten Christen auf Erden, sein Blick richtet sich auf Christus, der auf dem Berg Zion, dem Berg des Heils (vgl. Jes 2,3; 24,23; Mi 4,7; Joel 3,5; 4,17), seine Gemeinde sammelt (14,1-5). Und er sieht die Engelwelt in Bewegung, in Erwartung des kommenden Gerichtes Gottes (14,6-20). Jetzt wird Johannes Zeuge, wie in ungewöhnlich feierlicher Form die letzten Katastrophen vorbereitet werden, die über die Erde kommen sollen.

Er sieht »ein ... Zeichen« (15,1 ELB), also den Ablauf eines Geschehens, das auf Erden noch nicht wahrgenommen werden kann. Es ist ein Warnsignal, das erhöhte Aufmerksamkeit erfordert. Das Zeichen deutet auf etwas, was auf Erden nicht voraussehbar ist. Dieses Zeichen ist nicht nur »groß« wie die vorausgegangenen (12,1-3), es ist auch »wunderbar« (ELB), erstaunlich, für Johannes überraschend. So berichtet er anfangs nur stichwortartig. Er sieht sieben Engel, die sieben Plagen über die Erde kommen lassen werden. Der Satz wirkt wie eine Überschrift für den folgenden Bericht; aber er enthält auch eine tröstliche Botschaft. Mit diesen Plagen kommt der Zorn Gottes an sein Ende. Die Worte erinnern an Psalm 103,9 LUT: »Er wird nicht für immer hadern noch ewig zornig bleiben.«

Der Erscheinung der beiden Zeichen am Himmel ging ein Lobgesang der 24 Ältesten voraus, und das Tor zum Tempel Gottes im Himmel öffnete sich (11,16-19). Ähnlich geschieht es bei dem hier folgenden Zeichen. Bevor die Gerichtsengel erscheinen, stimmen am »gläsernen Meer« (V. 2 ELB, vgl. 4,6) die »Überwinder«, die Gläubigen, die dem antichristlichen Trend widerstanden und sich nicht mit dem Antichristen solidarisiert haben, das »Lied des Mose ... und ... des Lammes« an (V. 3 LUT, vgl. 5Mo 31,30). Und sogleich öffnet sich der himmlische Tempel. Johannes vernimmt die Worte der Anbetung (V. 3-4). Gott der Herr ist der Allmächtige, der König der Nationen. Seine Entscheidungen sind unanfechtbar, sein Handeln wunderbar. Er allein ist heilig. Ihm ist mit Ehrfurcht zu begegnen, und sein Name ist zu preisen. Es wird eine Zeit kommen, in der alle Menschen ihn anbeten werden. Mit ähnlichen Worten haben Mose (5Mo 32,3-4) zu Gott und Jesus zu seinem himmlischen Vater (Mt 11,25-26; Joh 17) gebetet.

Als das Lied verklungen ist, sieht Johannes, wie sich der »Tempel«, die Stätte der Begegnung Gottes mit dem Menschen (2Mo 25,8.22), hier in der Gestalt der Stiftshütte öffnet (15,5 ELB). Heraus schreiten wie in feierlicher Prozession sieben Gerichtsengel, in lange weiße Gewänder gekleidet. Die Kleidung erinnert an das Aussehen des Hohepriesters am großen Versöhnungstag (3Mo 16,4). Über der Brust ist das Gewand mit einem goldenen Gürtel zusammengehalten. So gekleidet war der erhöhte Christus seinem Jünger Johannes am Anfang der Offenbarung erschienen. Eines der vier himmlischen Wesen, der »Thronwächter« am Thron Gottes (4,6), gibt jedem der Engel eine goldene Schale. Aber diese

Schalen sind nicht wie die goldenen Schalen in den Händen der 24 Ältesten mit »Räucherwerk«, mit den Gebeten der Heiligen (5,8), gefüllt, sondern mit dem Zorn des ewigen lebendigen Gottes. Und es wiederholt sich, was bei der Einweihung der Stiftshütte auf Erden geschah (2Mo 40,34-35): In einer Wolke verborgen erscheint die Herrlichkeit und Macht Gottes, seine Heiligkeit verwehrt jedem den Zutritt, »niemand konnte in den Tempel gehen« (V. 8 LUT). Dies Wunder hält an, bis die Engel die Zornschalen über der Erde geleert haben.

Offenbarung 16: Die letzten Katastrophen

Bei den letzten sieben Plagen tritt eines deutlich hervor: Was sich vordergründig auf Erden ereignet, hat seinen Vorlauf in Entscheidungen in der himmlischen Welt, ist Folge eines für Menschenaugen unsichtbaren Geschehens, bei dem sogar dämonische Mächte mitwirken können (16,13-14).

Alles führt zu einem Ziel: Gottes Gericht über eine Menschheit, die im Aufruhr gegen ihn verharrt (vgl. Ps 2,1-5), kommt zu seinem Ende, macht den Weg frei für etwas Neues. Zugleich weisen die letzten Plagen über sich hinaus auf Gottes Handeln am Ende aller Zeit (vgl. 16,14 mit 20,7-9).

Johannes hört Gottes machtvolle Stimme aus dem Tempel, mit der er den sieben Engeln Anweisungen gibt: »Geht hin und gießt aus die sieben Schalen des Zornes Gottes auf die Erde!« (16,1 LUT). Alles, was nun geschieht, trifft die Menschen, die auf der Erde leben. Wir dürfen annehmen, dass Johannes alles Folgende in einer von Gott gegebenen Vision geschaut hat. Sein Bericht lässt es offen, ob das Ausgießen der Schalen gleichzeitig erfolgte oder im Nacheinander, so wie Johannes es niedergeschrieben hat.

Die Auswirkungen der ersten Plage sind beim Ausgießen der fünften Schale immer noch vorhanden (vgl. V. 2 mit V. 11).

Die Folge der ersten Schale sind bösartige, schmerzhafte Geschwüre, die wie bei einer Epidemie die Menschen befallen. Davon sind allerdings nur die Menschen betroffen, die dem Antichristen gefolgt sind (vgl. 9,3-4).

Die Folge der zweiten und dritten Schale ist, dass sich das Wasser im Meer, in den Flüssen und sogar an den Quellen dunkel färbt, ungenießbar wird und ein Fischsterben im Meer einsetzt. Es handelt sich um eine Umweltkatastrophe ungeahnten Ausmaßes. Johannes hört die Stimmen zweier Engel. Der Engel, der über dem Wasser von der Quelle bis zum Meer wacht, und der Engel, der das Feuer auf dem himmlischen Räucheraltar unterhält (14,18), preisen mit Worten der Anbetung Gottes gerechte Gerichtsentscheidungen. Weil Menschen das Blut der Märtyrer, der »Heiligen und Propheten« (V. 6 ELB), vergossen haben, haben sie es verdient, das verdorbene Wasser zu trinken, »Blut wie von einem Toten« (V. 3 ELB).

Die Folge der vierten Schale ist eine katastrophale Klimaveränderung. Die Sonneneinstrahlung wird so intensiv, dass die Hitze und die Auswirkungen des Sonnenbrandes für die Menschen unerträglich werden. Die Menschen ahnen wohl, dass die Naturkatastrophe mit Gottes Willen zusammenhängt, aber sie sind nicht bereit, umzukehren und Buße zu tun, Gott zu ehren. Im Gegenteil, sie klagen Gott an und lästern ihn.

Der fünfte Engel gießt seine Schale über dem »Thron des Tieres« (V. 10 ELB) aus. Es trifft den unmittelbaren Herrschaftsbereich des Antichristen (vgl. 13,1.18). Es kommt zu einer Art geistiger Umnachtung. Das Denken der Menschen läuft in eine verkehrte Richtung. Sie sehen nicht, dass ihre Einstellung Gott gegenüber verkehrt ist, sie suchen ihn nicht. Sie wollen auch ihren Lebensstil nicht ändern, »taten nicht Buße für ihre Werke« (V. 11 LUT, vgl. 9,20-21). Obwohl die Qualen durch die Verbrennungen und durch die Geschwüre unerträglich werden, beißen sie sich lieber in die Zunge, als Gott anzurufen und zu ehren.

Die Folge der sechsten Schale ist vordergründig eine große Trockenheit im Mittleren Osten, der Euphrat trocknet aus; das aber führt zu einer Verständigung der politischen und militärischen

Machthaber in dieser Region. Sie rüsten unter dämonischem Einfluss, der vom Teufel, vom Antichristen und der antichristlichen Kirche (13,11-17), dem »falschen Propheten«, inspiriert ist, zu einer militärischen Konfrontation auf dem Boden Israels (Harmagedon ist der Berg Megiddo), zu einem Kampf, der sich letztlich gegen Gott richtet.

Dieser Krieg wird »am großen Tag Gottes, des Allmächtigen« losbrechen (16,14 LUT). Mitten hinein in die Kriegsvorbereitungen ertönt ein Ruf des erhöhten Christus: »Siehe, ich komme wie ein Dieb« (V. 15 ELB). Er gebraucht noch einmal den Vergleich, mit dem er seinen Jünger Johannes an die Endzeitrede erinnert, die er während seiner letzten irdischen Lebenstage auf dem Ölberg bei Jerusalem gehalten hat (Mt 24,43). Jesus Christus wird wiederkommen, unvorhersehbar, unangemeldet, dann, wenn niemand damit rechnet. Der Herr preist die Gläubigen glücklich, die in einer stetigen Erwartung leben, deren Lebensstil auf die Wiederkunft Jesu ausgerichtet ist. Im Bild gesprochen: die nicht ihre Kleidung abgelegt und sich schlafen gelegt haben und bei dem Ruf »Der Herr kommt« unbekleidet aufspringen. Mit diesen Worten macht Jesus den Gläubigen Mut, trotz aller Schrecken der Endzeit zuversichtlich und getrost in die Zukunft zu gehen und sich auf sein Kommen zu freuen.

Die Folge der siebten Schale trifft die Luft, die Lebensgrundlage der gesamten Menschheit. Eine mächtige Stimme ertönt aus dem Tempel, vom Thron Gottes her: »Es ist geschehen« (V. 17 ELB). Die Katastrophen haben ihren Höhepunkt erreicht, Gottes Geduld geht zu Ende. Sein Gericht kündigt sich an, wie beim Erscheinen der sieben Engel mit den Posaunen des Gerichtes (8,5) und beim Schall der letzten Posaune (11,15.19), mit Blitzen, Donner, himmlischen Stimmen und Erdbeben. Dieses Mal ist es ein Erdbeben unvorstellbarer Stärke, vor dem es für niemanden ein Entrinnen gibt. »Die große Stadt ... und die Städte der Nationen« (V. 19 ELB) stürzen in sich zusammen. Zentnerschwere Hagelkörner fallen vom Himmel herab, es ist ein Szenario, als würde die Welt untergehen; und die Reaktion der Menschen: Sie lästern Gott (vgl. V. 21).

Offenbarung 17: Der antichristliche Staat und die antichristliche Kirche

Nachdem Johannes geschaut hat, wie die sieben Schalen voll des Zornes Gottes über der Menschheit ausgegossen wurden, wird er selber noch einmal unmittelbar in das Offenbarungsgeschehen einbezogen (vgl. 10,8ff; 11,1). Einer der sieben Engel tritt an ihn heran und zeigt ihm Gottes Gericht über die antichristlichen Mächte. Dazu führt der Engel Johannes in eine Wüste. Zu seiner Überraschung sieht er dort das Tier mit sieben Köpfen und zehn Hörnern und einem gotteslästerlichen Namen, das vorher aus dem Meer aufgetaucht war (13,1). Es war ein Bild für die vom Satan inspirierte (13,2) antichristliche Staatsmacht, die mit äußerster Grausamkeit die Gemeinde Jesu zu vernichten sucht (13,7). Das Tier, der Antichrist, hatte ein zweites Tier, das wie ein Lamm aussah, aber wie der Satan redete – ein Bild für die antichristliche Kirche –, mit dämonischer Macht ausgerüstet. Dafür unterstützte dies zweite Tier den antichristlichen Staat (13,11-12).

Jetzt sieht Johannes, wie das erste Tier eine Prostituierte, eine Hure, trägt (17,3). Das Bild der Hure tritt an die Stelle des Bildes vom »Tier ... wie ein Lamm« (13,11 LUT). Er sieht, dass diese Frau, gekleidet wie eine Luxusdirne, in ihrer Hand einen goldenen Becher »voller ... Unreinheit« (V. 4 ELB) trägt. Er weiß, dass Hurerei in den prophetischen Schriften des Alten Testaments ein Bild für Götzendienst ist, für den Abfall des Volkes Gottes vom lebendigen Gott (Jer 3,6-8; 7,17-20; Hes 16,15-34; Hos 1,2; 4,12-13; 9,1).

Die Frau trägt an ihrer Stirn den geheimnisvollen Namen: »Babylon, die Große« (V. 5 ELB). Dieser Name war Johannes schon in dem Gerichtswort des zweiten Engels begegnet, der im Flug über die Erde seine Botschaft ausgerufen hatte (14,8). Zu seiner Überraschung sieht Johannes, dass »die große Babylon« sich am Blut der Märtyrer der Gemeinde Jesu berauscht, das durch die antichristliche Staatsmacht vergossen wird (vgl. 16,6). Der Engel bemerkt die Verwunderung des Johannes und erklärt ihm das geheimnisvolle Geschehen.

Das »scharlachrote Tier« (V. 3 ELB) steht für eine Person (vgl. 13,1.18), einen gottlosen, grausamen Herrscher mit absoluter Macht, vom Teufel inspiriert. Es ist der Antichrist (vgl. 1Joh 2,18). Er wird von allen Ungläubigen, »deren Name nicht geschrieben steht im Buch des Lebens vom Anfang der Welt an« (V. 8 LUT), bewundert, verehrt, »angebetet« (vgl. 13,8.12). Aber er führt die Menschen ins Verderben (V. 8.11). Die sieben Köpfe des Tieres stehen für sieben »Könige« (V. 9 ELB). Und die zehn Hörner sind ebenfalls zehn Herrscher, die gleichzeitig mit dem »Tier«, aber nur für kurze Zeit, für »*eine* Stunde« (V. 12 ELB), ihre Macht ausüben. Sie schließen einen Bund und übertragen ihre Macht auf den Antichristen (V. 13.17). Das deutet hin auf einen Staatenbund, auf geballte politische und militärische Macht, die sich gezielt gegen Christus und seine Macht richtet (V. 14). Schien es am Anfang so, als könne der Antichrist die Gemeinde Jesu auslöschen (vgl. 13,7), so erweist es sich am Ende, dass die Gemeinde Jesu von Christus bewahrt wird und aus allen Nöten gestärkt hervorgeht (V. 14). Wie in einem kurzen Aufblitzen öffnet sich hier der Blick auf das Ende: Der Kampf gegen Christus und seine Gemeinde endet für die gottlosen Mächte mit ihrem Untergang. Denn Christus ist »Herr der Herren und König der Könige« (V. 14 ELB).

Das »Tier« trägt eine Prostituierte, es unterstützt offensichtlich die Frau, die ihrerseits versucht, Menschen in aller Welt zur

Hurerei, zur Anbetung des Tieres, zu verführen (V. 2 vgl. 13,12.14). Dabei berauscht sie sich an der blutigen Verfolgung der Gläubigen (V. 6). Die Dirne, »die große Babylon«, übernimmt die Rolle des zweiten Tieres, das Hörner hatte wie ein Lamm (13,11), und die Rolle des »falschen Propheten« (16,13 ELB). Aber die Koalition von »Tier« und »großer Babylon« geht überraschend zu Ende: Die zehn Hörner und das Tier hassen die Hure, sie machen sie einsam, nackt, fressen ihr Fleisch und verbrennen sie (vgl. V. 16).

Der Antichrist und seine Vasallen verfolgen nicht nur die Gemeinde Jesu, offensichtlich ist ihnen alles Religiöse zuwider, auch eine liberale, dem antichristlichen Staat angepasste Kirche. Sie entledigen sich dieses verhassten Partners, indem sie die Kirche durch gezielte Propaganda in den Medien entvölkern, sie isolieren, sie »einsam« machen, dann »ihr Fleisch fressen«, sie enteignen und sie schließlich verbieten und so zerstören. Auf diese Weise erfüllen sie Gottes Ratschluss (V. 17).

Zwei geheimnisvolle Bemerkungen fügt der Engel in seine Erklärung ein: Die Hure sitzt »an vielen Wassern« (V. 1 ELB). Und die Wasser sind ein Bild für »Völker und Scharen (von Menschen) und Nationen und Sprachen« (V. 15 LUT) Der Einfluss der antichristlichen Kirche in ihrer Feindschaft gegenüber den Gläubigen ist weltweit spürbar.

Und das Bild von den sieben Köpfen des Tieres als Hinweis auf sieben Könige wird von der Aussage überlagert, dass die »sieben Häupter ... sieben Berge« sind, »auf denen die Frau sitzt« (V. 9 ELB). Es bleibt offen, ob diese Worte auf eine Stadt auf sieben Hügeln, auf Rom, deuten, also auf die damalige Metropole des Römischen Reiches. Der Engel schließt seine Erklärung damit, dass das Bild der Hure übergeht in das Bild einer Stadt: »Die Frau, die du gesehen hast, ist die große Stadt, die die Herrschaft hat über die Könige auf Erden« (V. 18 LUT).

Offenbarung 18: Der Untergang Babylons

Nachdem der Engel, der eine der sieben Zornschalen getragen hatte, seine Erklärung des Geheimnisses »der Frau ... und des Tieres« (17,7 ELB) beendet hat, sieht Johannes einen Engel vom Himmel kommen. Er ist mit besonderer Vollmacht ausgestattet, sein Lichtglanz erleuchtet die ganze Erde. Von dieser Erscheinung an, bis ein zweiter Engel erscheint, hört Johannes nur die Worte der Engel und die Stimmen verschiedener Gruppen von Menschen. Der erste Engel ruft mit gewaltiger Stimme: »Gefallen, gefallen ist Babylon, die Große« (V. 2 ELB)! Gehört hatte Johannes die gleichen Worte von einem der Engel, der die Gerichtsbotschaft beim Flug über den Himmel ausgerufen hatte (14,8). Der letzte Satz der vorausgegangenen Erklärung (17,18) hatte Johannes auf diese Worte vorbereitet. Die »große Babylon«, die weltumspannende antichristliche Verführungsmacht, wird als eine Großstadt geschildert, die in einer Macht mit personalen Zügen ihre Spitze hat (V. 7-8).

Johannes wusste aus der Heiligen Schrift: Das urzeitliche Babel (1Mo 11,1-9) zeigte das ganze Ausmaß menschlichen Hochmuts und der Selbstvergötterung. Der Prophet Jesaja entdeckt in seiner Zeit in der Stadt Babylon, der Metropole des babylonischen Reiches, das angetreten ist, Israel, Gottes Volk, zu zerstören, die gleiche menschliche Vermessenheit. Er lässt den König von Babylon sagen: »Ich will in den Himmel steigen und meinen Thron über die Sterne Gottes erhöhen. Ich will ... gleich sein dem Allerhöchsten« (Jes

14,4.13-14 LUT). Gottes Gerichtswort über Babylon lautet: »So höre nun dies, die du in Wollust lebst und so sicher sitzt und sprichst in deinem Herzen: ›Ich bin's, und sonst keine; ich werde keine Witwe werden noch ohne Kinder sein‹: Dies beides wird plötzlich über dich kommen auf *einen* Tag, dass du Witwe und ohne Kinder bist« (Jes 47,8-9 LUT). Das endzeitliche Babylon redet die gleichen Worte: »Ich throne hier und bin eine Königin und bin keine Witwe, und Leid werde ich nicht sehen« (V. 7 LUT). Gottes Antwort auf diese Selbstsicherheit lässt nicht lange auf sich warten: »Darum werden ihre Plagen an einem Tag kommen, Tod, Leid und Hunger, und mit Feuer wird sie verbrannt werden« (V. 8 LUT).

»Gefallen, gefallen ist Babylon, die Große« (V. 2 ELB). In einem Feuermeer geht die Stadt zugrunde. Übrig bleibt ein riesiger qualmender Schutthaufen, dessen aufsteigender Rauch weithin zu sehen ist. Die Überreste der Stadt werden Dämonen als Behausung dienen, ein Gefängnis sein für alles, was Gott verabscheut, für alles, was in Gottes Augen unrein ist.

Das zukünftige Gericht über Babylon ist so gewiss, dass der Engel es als bereits vollzogen verkünden kann. Die Begründung des göttlichen Urteils, die Johannes schon bei der ersten Ankündigung des Gerichtes durch einen Engel vernommen hat (vgl. 14,8), wird noch einmal wiederholt: »denn sie hat allen Völkern vom Wein ihrer leidenschaftlichen Hurerei zu trinken gegeben« (V. 3 LUT75). Das Ziel des endzeitlichen Babylons ist die Verführung aller Menschen einschließlich der Gläubigen, der Glieder der Gemeinde Jesu, zur Unterwerfung und Anbetung der antichristlichen Staatsgewalt.

Plötzlich erschallt eine andere Stimme wie ein Zwischenruf – es ist Gottes Stimme. Er ruft sein Volk auf Erden auf: Die Gläubigen sollen so schnell wie möglich die Stadt verlassen, um nicht in ihr unterzugehen. Wer trotzdem bleibt, macht sich mitschuldig an den Sünden, die dort geschehen (V. 4).

Noch bevor das Gericht eintrifft, muss es in der Endzeit für die Gläubigen zu einer klaren Trennung von allem kommen, was von Gott trennt.

Johannes vernimmt Stimmen, die aus unterschiedlichen Gruppen kommen. Zuerst sind es die »Könige der Erde« (V. 3.9 ELB); dann sind es die »Kaufleute« (V. 3.11 ELB), die Großhändler, die den Welthandel steuern und aufgrund ihres Reichtums zu den Vornehmen (vgl. V. 23) gehören. Schließlich sind es die Schiffseigner und Seeleute, Kapitäne und Matrosen (V. 17), die den Warenverkehr mit ihrer Handelsflotte ermöglichen. Sie alle waren auf eine ihnen eigene Weise mit der Stadt verbunden, hatten sich ihrem Einfluss geöffnet, ihren Lebensstil von ihr prägen lassen. Sie waren dem Geist der Stadt gefolgt, waren mitschuldig geworden. Jetzt stehen sie aus Furcht vor den Schrecken des Untergangs abseits und sehen in der Ferne den Rauch der brennenden Stadt aufsteigen.

Schon einmal, als ein Bote Gottes in Gestalt eines Adlers am Himmel sichtbar war, hatte Johannes einen dreimaligen »Wehe!«-Ruf gehört (8,13). Jetzt ertönt aus jeder der drei Gruppen, von Königen, Kaufleuten und Seeleuten, dreifach ein »Wehe!«-Ruf. Sie jammern und klagen, weinen, schlagen sich vor Trauer an die Brust, streuen sich Sand auf den Kopf und bekennen, was sie mit dem Untergang Babylons verloren haben.

Die »Könige der Erde« (18,3 ELB) als nächste Vertraute des Antichristen haben in ihrer Vorbildfunktion die Meinung der Menschen beeinflusst. Sie sind einer atheistischen Ideologie gefolgt, haben die Autorität des Antichristen anerkannt und sind ihm blind ergeben gewesen (vgl. 17,13.17). Dass menschliche Macht und Größe, die »große Stadt« (17,18 ELB), so schnell, »in *einer* Stunde« (V. 10.19 ELB), zugrunde gehen könnte, haben sie nicht geahnt; das lässt sie um ihre eigene Existenz fürchten.

Die »Kaufleute« (V. 3.15 ELB) und die »Seeleute« (V. 17) spiegeln das Bewusstsein und die Interessenlage der Menschen unter der Herrschaft des Antichristen wider. Geprägt vom materialistischen Denken sind sie zu einer Wohlstands- und Konsumgesellschaft geworden. Die Kaufleute präsentieren eine lange Liste, mit der sie ihren wirtschaftlichen Verlust dokumentieren, es sind lauter Waren, für die sie keine Käufer mehr finden (V. 11-13). Und die Seeleute klagen über die finanzielle Einbuße, die sie durch den Untergang Babylons erleiden (V. 19). Sie haben vom Überfluss der Stadt, von ihren »Kostbarkeiten«, profitiert. Das ist nun zu Ende. Niemand von ihnen allen kommt auf den Gedanken, der Untergang Babylons könnte ein Vorzeichen für ein kommendes Gericht Gottes sein, ein Ruf Gottes, zu ihm umzukehren. Die Gesinnung, die sich nach den weltweiten kriegerischen Ereignissen bei den Überlebenden zeigte (9,20-21 ELB), hat sich bis zuletzt nicht geändert: Sie »taten ... nicht Buße«!

Als die Stimmen der Trauernden verstummt sind, hört Johannes eine Stimme im Himmel, die die vollendeten Gläubigen, die »Heiligen und Apostel und Propheten« (V. 20 ELB) zur Freude aufruft. Der Grund zur Freude liegt darin, dass Gott um ihretwillen das Gericht vollzogen hat. Denn in Babylon ist »das Blut der Propheten und der Heiligen ... gefunden« worden (V. 24 LUT), hier floss das Blut der Märtyrer.

Als der verherrlichte Christus das fünfte Siegel an der Buchrolle öffnete, fragten die Märtyrer: »Wie lange richtest du nicht und rächst nicht unser Blut?« (6,10 LUT). Diese Frage hat nun eine Antwort erhalten.

Am Ende sieht Johannes noch einmal einen Engel, der einen gewaltigen Stein, groß wie ein Mühlstein, ins Meer wirft. Der Engel selber erklärt die prophetische Zeichenhandlung: So endgültig, wie dieser Stein in der Tiefe des Meeres versinkt, wird Babylon »mit Sturmgewalt« (V. 21 LUT) niedergeworfen werden. Aus den Worten des Engels (V. 21-23) geht hervor, dass Babylon völlig zerstört wurde. Alles Leben ist erloschen. Man hört keine Musik, keine technischen Geräusche, kein fröhliches Lachen einer Hochzeitsgesellschaft. Es herrscht Totenstille. Über den Trümmern Babylons liegt undurchdringliche Finsternis. Mit dem Untergang Babylons hat das Ende der Welt begonnen und damit auch das Ende aller Christenverfolgungen. Das Wort des Engels sagt es deutlich: Babylon geht unter, weil in ihr die Gläubigen umgebracht wurden (V. 24).

Offenbarung 19: Jesus Christus kommt wieder

Johannes hört, was jetzt im Himmel vor sich geht; für ihn bleibt es noch unsichtbar. Auf das dreifache »Wehe« auf Erden, das Könige, Kaufleute und Seefahrer beim Untergang Babylons ausriefen, antworten Stimmen im Himmel mit vielfachem »Halleluja« (19,1 ELB). Er vernimmt ein Rufen wie von einer großen Menge. Ob es die himmlischen Heerscharen sind oder die vollendete Gemeinde ist, bleibt ihm verborgen. Gott wird angebetet (19,1-3), dem allein Macht und Herrlichkeit gehören und von dem alles Heil kommt. Er wird gepriesen, weil er die »große Hure« (V. 2 ELB), die die Erde zugrunde gerichtet hat, gerecht gerichtet und das Blut der Märtyrer von ihren Händen gefordert hat. Sie ist der ewigen Verdammnis ausgeliefert.

Die 24 Ältesten und die »vier himmlischen Wesen« (vgl. 4,6), die »Thronwächter«, bestätigen diese Worte mit einem »Amen, Halleluja!« (19,4 ELB) und beten Gott an. Darauf erschallt eine Stimme vom Thron Gottes und ruft die Gemeinde Jesu, alle »seine Knechte«, zum Lob Gottes auf (V. 5 ELB). Noch einmal vereinen sich die vielen Stimmen im Himmel zu einem gewaltigen Chor, der wie ein tosender Wasserfall oder wie ein mächtiger Donner erschallt; sie verkünden die alleinige königliche Herrschaft des allmächtigen Gottes. Gleichzeitig rufen sie zu jubelnder Freude auf. Jetzt erfährt Johannes auch den Grund zur Freude und den Anlass zur immer wiederkehrenden Anbetung. Er hört und sieht zukünftiges Geschehen als gegenwärtige Wirklichkeit.

Die Geschichte Gottes mit der Gemeinde Jesu im Neuen Bund ist an ihr Ziel gelangt: Der erhöhte Herr Jesus Christus hat sich in Gottes Herrlichkeit für immer mit seiner Gemeinde vereint: »Die Hochzeit des Lammes ist gekommen, und seine Frau hat sich bereit gemacht« (19,7 ELB).

Während seiner Wirksamkeit auf Erden hatte Jesus den Anbruch des Reiches Gottes mit einer Hochzeit verglichen, bei der ein König seinem Sohn das Fest bereitet (Mt 22,2ff). In einem anderen Gleichnis hatte er von sich als einem Bräutigam gesprochen, der seine Braut heimholt (Mt 25,1ff). Der Apostel Paulus hat die Gemeinde Jesu als Braut Christi bezeichnet (2Kor 11,2). Ihm war die Botschaft von der Entrückung der Gemeinde und der endgültigen Vereinigung aller Gläubigen mit ihrem Herrn Jesus Christus in der Herrlichkeit Gottes anvertraut (1Thess 4,15-17 vgl. Eph 5,25ff). Die unzählbare Schar aus allen Völkern, Sprachen und Nationen in weißen Gewändern vor Gottes Thron – das hatte Johannes schon einmal gesehen (vgl. 7,9ff). Auch hier erscheint die unzählbare Schar der Gemeinde Jesu in weißen Gewändern. Noch einmal wird ihm bestätigt, dass die weißen Gewänder ein Hinweis sind, dass jeder Glaubende von Gott die Vergebung der Sünden und den Heiligen Geist und so ein neues Leben empfängt, in dem er von Gott gerecht gesprochen ist (vgl. 2Kor 5,21). Jetzt kann Johannes sicher sein: Jesus Christus vollendet seine Gemeinde und stellt sie als seine Braut Gott dem Vater vor. Ein Fest ohne Ende beginnt. »Und so werden wir beim Herrn sein allezeit« (1Thess 4,17 LUT). Schöner noch als für Liebende ihre Hochzeit wird es sein, wenn die Christusgemeinde ihr Ziel erreicht.

Erneut wird Johannes direkt angesprochen: »Und er sagt zu mir: Schreib!« (19,9 ZB). Wer zu Johannes redet, bleibt offen. Es könnte der erhöhte Herr Jesus Christus sein, der ihm den Auftrag erteilt hat, die Offenbarung schriftlich an die Gemeinden weiterzugeben (1,11.14 vgl. 14,13). Wahrscheinlicher ist es aber einer der letzten sieben Gerichtsengel, der ihn vom Untergang Babylons an bis hin zum Schauen der neuen Welt Gottes begleitet (vgl. 17,1.7; 21,9.15; 22,1.6.8-9).

Er spricht eine Seligpreisung für die Gläubigen aus, er beglückwünscht alle, die am himmlischen Hochzeitsfest, am »Hochzeitsmahl des Lammes«, teilnehmen dürfen. Und er vergewissert ihm, dass dies eine absolut sichere Zusage Gottes ist. Offenbar war Johannes nicht darauf gefasst, denn er fällt zu Füßen des Engels nieder und will ihn anbeten. Der aber verwehrt es ihm mit der Begründung, auf der gleichen Stufe wie jedes andere der Glieder der Gemeinde Jesu zu stehen, »die das Zeugnis Jesu haben«. Eine weitere Erklärung wird sogleich hinzugefügt (19,10 ELB): Das »Zeugnis Jesu« ist der Heilige Geist, der dem Glaubenden die Gotteskindschaft gewiss macht (Röm 8,16) und ihn befähigt, als Zeuge für Jesus in der Welt tätig zu sein (Apg 1,8).

Was Johannes jetzt schaut, sieht er in der Perspektive von der Erde aus: Der Himmel tut sich auf, und ein Reiter auf einem weißen Pferd erscheint. Ihm folgt ein himmlisches Heer, alle auf weißen Pferden und bekleidet mit weißen Gewändern.

Schon einmal hat Johannes einen Reiter auf weißem Pferd gesehen, als Christus das erste der sieben Siegel an der Buchrolle aufbrach (6,2). Der Name des Reiters war nicht genannt worden. Aber er hatte eine Reihe von Ereignissen eröffnet, die alle zerstörend auf das Leben in der Welt einwirkten (6,3-8). Ihm war Erfolg bei seinem Auftreten vorausgesagt. Er verkörperte die Macht der Verführung.

Der Reiter, den Johannes jetzt sieht, ist ganz anders. Er wird an seinem Namen erkannt. »Treu und Wahrhaftig«, mit diesem Namen hatte Jesus Christus sich als Absender des Briefes an die Gemeinde in Laodizea zu erkennen gegeben (19,11 LUT, vgl. 3,14).

Der Name »das Wort Gottes« war Johannes vertraut (19,13 LUT, vgl. Joh 1,1-2.14), ebenso »König der Könige und Herr der Herren« (19,16 ELB, vgl. 1Tim 6,15; Offb 17,14). Was Johannes sieht und hört, bedarf für ihn keiner weiteren Erklärung. Jesus Christus betritt seine Erde, an deren Erschaffung er beteiligt war (Kol 1,16; Hebr 1,2) und auf der er zu ihrer Erlösung am Kreuz gestorben war. Sein blutgetränktes Gewand macht es sichtbar, dass er, der Gekreuzigte, jetzt als der »König aller Könige« (V. 16 LUT) vor den Augen aller Menschen erscheint (vgl. 1,7). Er kommt als Triumphator mit vielen Kronen auf dem Haupt. Vor seinem durchdringenden Blick kann sich niemand verbergen. Nach der Heimholung und Vollendung seiner Gemeinde ist sein nächstes Ziel, das Reich des Bösen zu zerstören.

Nach diesem Tag haben die Propheten des Alten Bundes Ausschau gehalten. Sacharja hat geweissagt: »Und der HERR wird ausziehen und kämpfen gegen diese Völker, wie er zu kämpfen pflegt am Tage der Schlacht. Und an jenem Tag werden seine Füße auf dem Ölberg stehen, der vor Jerusalem liegt ... Da wird dann kommen der HERR, mein Gott, und alle Heiligen mit ihm« (Sach 14,3-5).

Der Apostel Paulus hat unter der Anleitung des Heiligen Geistes dies Prophetenwort bestätigt: »... wenn der Herr Jesus offenbart wird vom Himmel her mit den Engeln seiner Macht in Feuerflammen. Dann wird Gott Vergeltung üben an denen, die ihn nicht kennen und die nicht gehorsam sind dem Evangelium unseres Herrn Jesus. Die werden Strafe erleiden, ewiges Verderben, vom Angesicht des Herrn her und von seiner herrlichen Macht, wenn er kommen wird, dass er verherrlicht werde bei seinen Heiligen« (2Thess 1,7-10 LUT).

In dem Bild von der Weinlese, das Johannes geschaut hat (14,18-19), war dieser Tag, wenn Jesus wiederkommt, vorausgesehen. Jetzt tritt der Herr »die Kelter voll vom Wein des grimmigen Zornes Gottes, des Allmächtigen« (19,15 LUT75 vgl. Jes 63,1-4). Dies wird »der Tag des Herrn« sein, wie ihn der Prophet Joel vorausgesagt hat (Joel 4,9-14 ELB). Jesu richtendes Wort – das »scharfe Schwert«, das »aus seinem Munde« geht (19,15 LUT vgl. 1,16; 2,12) – wird alle, die sich ihm widersetzt haben, unausweichlich treffen.

Noch einmal erscheint ein Engel, umstrahlt vom Licht der Sonne. Mit seiner Gerichtsbotschaft nimmt er schon den Ausgang der kommenden Auseinandersetzungen voraus (19,17-18). Er sieht ein unermessliches Leichenfeld und ruft die Aasgeier zum Fraß. Und nun schaut Johannes, wie der Antichrist und sein Gefolge zum Krieg gegen den wiedergekommenen Christus rüsten. Selbst in einer aussichtslosen Position geben die gottfeindlichen Mächte ihren Hass gegen Christus und seine Gemeinde nicht auf und gehen in eine letzte Konfrontation. Aber es kommt nicht zu einem Krieg. Die völlige Aussichtslosigkeit aller ihrer Anstrengungen, gegen den lebendigen Gott zu kämpfen und Christus und seine Gemeinde vernichten zu wollen, wird überdeutlich. »Und das Tier wurde ergriffen und mit ihm der falsche Prophet, der vor seinen Augen die Zeichen getan hatte, durch welche er die verführte, die das Zeichen des Tieres angenommen und das Bild des Tieres angebetet hatten« (19,20 LUT vgl. 13,13-14; 16,13-14). Beide werden »verhaftet« und für alle Zeit beseitigt. Mit letzter Härte trifft sie das Urteil Gottes: »Lebendig wurden diese beiden in den feurigen Pfuhl geworfen, der mit Schwefel brannte« (vgl. 20,14 LUT). Auf ein richtendes Wort des wiedergekommenen Christus hin – »durch das Schwert, das aus« seinem Munde ging (19,21 ZB) – kommen alle um, die sich vom Antichrist und vom falschen Propheten hatten verführen lassen.

Offenbarung 20: Tausendjähriges Reich und Endgericht

Nachdem Johannes im Hören auf himmlische Stimmen die »Hochzeit des Lammes« (19,6-8 ELB), die Vollendung der Gemeinde Jesu, miterlebt und anschließend in wunderbaren und furchterregenden Bildern gesehen hat, wie Christus bei seiner Wiederkunft die Mächte des Bösen vernichtet, sieht er nun »das Finale der Welt«. Nicht Gott, auch nicht Jesus Christus, nur ein Engel kommt vom Himmel und bindet den Satan. Die Kette in der Hand des Engels deutet an, dass dem Satan bei seiner Verhaftung jede Wirkungsmöglichkeit genommen wird (20,1-2). Der Engel verbannt ihn in den *Abyssos* (vgl. 9,1-2), in das Reich der Dämonen, er wirft ihn ins »Gefängnis« (V. 7 ELB). Er verschließt und versiegelt das Gefängnistor. Das Urteil lautet: 1000 Jahre Haft, wobei aus himmlischer Sicht die Zeit begrenzt ist, aber von Menschen kalendarisch nicht festgelegt werden kann (vgl. Ps 90,4; 2Petr 3,8).

Das Ziel der Verurteilung wird kurz genannt: Der Satan kann in dieser Zeit die Völker nicht mehr verführen (20,3). Damit erfüllt sich, wonach der Prophet Sacharja sehnsüchtig Ausschau gehalten hat: »Und der Herr wird König sein über alle Lande« (Sach 14,9 LUT).

Jesus Christus herrscht als »König der Könige« über die Völker. Auf seinem Weg über die Erde hatte er seinen Jüngern gesagt: »Die Könige herrschen über ihre Völker, und die Macht über sie haben, lassen sich als Wohltäter feiern. Unter euch aber soll es nicht so sein« (Lk 22,25-26 ZB).

Jesu Herrschaft ist Dienst an den Menschen. Nach seiner Wiederkunft dient er seiner Gemeinde so, dass sie einen Platz in Gottes Herrlichkeit bekommt (Lk 12,37 vgl. Offb 7,16-17). Zugleich wird er den Gliedern seiner Gemeinde neue Aufgaben zuweisen (Lk 19,16-19 vgl. Offb 1,6; 20,6). Und den Menschen im Tausendjährigen Reich wird er königlich als der »Friede-Fürst« (Jes 9,5 LUT) dienen. Jesus wird den ersehnten Weltfrieden bringen (Jes 2,4 par. Micha 4,3). Dann wird die uralte Feindschaft zwischen den Nachkommen Isaaks und Ismaels und den Nachkommen Jakobs und Esaus, die Feindschaft zwischen Israel und den arabischen Völker ihr Ende finden (Jes 19,21-25). Als Folge des Friedens wird es Wohlstand für alle geben. Worte der alttestamentlichen Propheten gehen dann in Erfüllung: »Denn das ist die Saat des Friedens: Der Weinstock gibt seine Frucht, und die Erde gibt ihren Ertrag, und der Himmel gibt seinen Tau, und all dies lasse ich den Rest dieses Volks als Erbe besitzen« (Sach 8,12 ZB). »Ich verhänge über euch keine Hungersnot« (Hes 36,29 EÜ). Im Tausendjährigen Reich werden sich in dieser Welt alle an Israel ergangenen Verheißungen erfüllen (Jes 11,6-9; 65,20-21). Und Israel wird den Auftrag der Weltmission zu Ende führen (Jes 66,18-19; Sach 8,20-23).

Johannes sieht Throne, aber benennt nicht diejenigen, die darauf Platz nehmen: »Und sie setzten sich darauf, und ihnen wurde das Gericht übergeben« (20,4 LUT). Schon dem Apostel Paulus war offenbart worden, dass die Glieder der Gemeinde Jesu in der Ewigkeit an der richterlichen Vollmacht ihres Herrn teilhaben werden (Joh 5,22; 1Kor 6,2-3). Hier kommen zunächst die Märtyrer in das Blickfeld: Es sind die Christen, die auf dem Höhepunkt antichristlicher Macht (13,7.13-17) Widerstand geleistet haben. Sie haben sich widersetzt, den Antichrist oder sein Bild als Gott zu verehren, sie haben auch nicht das Zeichen der Zugehörigkeit zu ihm getragen. Deshalb sind sie zum Tode verurteilt und enthauptet worden. Bis zuletzt haben sie Jesus als den Herrn bezeugt und am Wort Gottes festgehalten. Jetzt gilt ihnen die besondere Aufmerksamkeit Gottes. Sie sind »Mitregenten« Jesu im 1000-jährigen Reich.

Aber die Worte, die Johannes am Anfang seiner Niederschrift der Offenbarung an die Gemeinden richtet (1,5-6), und das, was er bei der Eröffnung des fünften Siegels geschaut hat (6,9-11), machen deutlich, dass auch die Märtyrer aller vorausgegangenen Jahrhunderte, sogar alle Gläubigen, an der königlichen und priesterlichen Würde Jesu Anteil haben werden.

Die Bilder, die Johannes schaut, und das Geschehen, das sie verdeutlichen, beschreibt er zunehmend skizzenhaft, unscharf, ganz im Gegensatz zu den Ereignissen vor der Wiederkunft Jesu. Mit dem zweiten Kommen Jesu verändert sich die Lebenswirklichkeit auf der Erde, aber auch im Himmel so, dass sie sich menschlicher Beschreibung entzieht.

Aber er bestätigt, was schon dem Apostel Paulus offenbart war: »Denn wie in Adam alle sterben, so werden in Christus alle lebendig gemacht werden. Ein jeder aber in der für ihn bestimmten Ordnung: als Erstling Christus; danach die Christus angehören, wenn er kommen wird; danach das Ende, wenn er das Reich Gott, dem Vater, übergeben wird« (1Kor 15,22-24 LUT). Wenn Jesus Christus wiederkommt, beim Anbruch des 1000-jährigen Reiches, ereignet sich die »erste Auferstehung« (20,5 ELB). Der »Glückwunsch«, der hinzugefügt wird: »Selig und heilig, wer teilhat an der ersten Auferstehung!« (20,6 ZB), gilt allen Gläubigen, weil sie die Verurteilung zu ewiger Verdammnis, der »zweite Tod«, nicht treffen wird. Ob diese Seligpreisung Worte aus dem Munde des erhöhten Christus sind oder die Erkenntnis widerspiegeln, die Johannes bei der Schau der Ereignisse gewonnen hat, muss offenbleiben.

Dann schildert Johannes in äußerster Kürze das Ende der Welt: Der Satan wird nach 1000-jähriger Haft aus dem Gefängnis entlassen. Eine Begründung dafür wird nicht gegeben.

Aus dem Gesamtzeugnis der Heiligen Schrift darf man vielleicht schließen, dass durch den Missionsdienst des Volkes Israel während der 1000 Jahre möglicherweise viele Menschen zum Glauben an Jesus Christus gekommen sind (Jes 2,1-3; 66,18-19; Sach 8,20-23). Sie gehören nicht zu der vollendeten Gemeinde, sind keine Glieder des Leibes Christi (vgl. 1Kor 12,27), an dem Christus »das Haupt ist« (Eph 4,15-16 ELB). Aber im Glauben an Jesus haben sie das Heil erlangt.

Doch ihr Glaube muss auf den Prüfstand, muss sich in Anfechtung und Versuchung bewähren. Der Satan wird alles versuchen, ihren Glauben zu zerstören. Doch Jesus wird sie bewahren. Die Menschen, die nicht glauben, sind dem Einfluss des Satans ausgeliefert. Ihm gelingt es, die Völker zu verführen. Sie rüsten zum Kampf gegen Christus und alle, die unter seiner Herrschaft zum Glauben gekommen sind (20,8).

Die Führung dieser Völkergemeinschaft haben Gog und Magog, die bereits der Prophet Hesekiel gegen Gottes Volk hat heraufziehen sehen (Hes 39). Was der alttestamentliche Prophet in der Ferne hat kommen sehen und schon in allen Einzelheiten geschildert hat, wird hier nur angedeutet.

Auch am Ende des 1000-jährigen Reiches steht wieder Israel im Brennpunkt des Geschehens (20,9 vgl. 16,13-16). Es geschieht noch einmal, was sich schon während der Herrschaft des Antichristen zugetragen hat: In der Stunde höchster Bedrängnis für die Gläubigen – hier: Sie »umzingelten das Heerlager der Heiligen« (20,9 ELB) – greift Gott ein: »Da fiel Feuer vom Himmel und verzehrte sie« (20,9 ZB). Der letzte Krieg hat sein Ende gefunden, bevor er richtig begonnen hatte. Der Teufel wird für alle Ewigkeiten entmachtet und verdammt.

Vor dem Blick des Johannes lösen sich Himmel und Erde in nichts auf, und er sieht nur noch »einen großen weißen Thron und den, der darauf saß« (20,11 ELB). Johannes konnte die Gestalt beschreiben, in der ihm der erhöhte Herr Jesus Christus zu Beginn der Offenbarung erschienen war (1,13-16). Als er einen Blick in den Thronsaal Gottes tun durfte, sah er zwar den farbigen Lichtglanz, der Gottes Thron umgab, aber er konnte Gott auf seinem Thron nicht beschreiben (4,2-3). Ihm fehlten dafür die Worte. Ähnlich ergeht es ihm an der Schwelle von der alten zur neuen Welt, als er den Weltenrichter auf seinem Thron erblickt. Es ist unmöglich, mit menschlichen Worten Gott zu beschreiben.

Nach den Worten Jesu und des Apostels Paulus wird es Jesus Christus selber sein, der das Letzte Gericht durchführt (Mt 25,31-32; Joh 5,22.27; Apg 17,31; Röm 14,10-12). Die wenigen Bilder, die an Johannes vorüberziehen – die Schar der Toten vor Gottes Thron; Bücher, die geöffnet werden; das Buch des Lebens; das Ende des Todes und des Totenreiches (vgl. 1Kor 15,26) –, sie vermitteln ihm eine Botschaft: Der Weltenrichter, der über die Sünde aller Menschen zu Gericht sitzt, ist niemand anderes als der, der am Kreuz von Golgatha mit seinem Leben und Blut für die Sünde aller Menschen bezahlt hat. Darum ist sicher, dass er absolut gerecht richten wird. Alle müssen vor Gottes Thron erscheinen. Niemand wird gefragt, ob er das möchte. Alle Schuld der Menschen kommt ans Licht. Nichts bleibt verborgen. Nichts ist dem Vergessen anheimgegeben. Jeder wird sein gerechtes Urteil empfangen. Wessen Name im »Buch des Lebens«, in Gottes Ewigkeit, eingetragen ist (vgl. Lk 10,20), braucht sich vor diesem Gericht nicht zu fürchten. Die Glieder der Gemeinde Jesu, die Gläubigen, die bei der Wiederkunft Jesu vollendet werden, sind von diesem Gericht nicht betroffen (Joh 5,24).

Offenbarung 21,1–22,5: Ein neuer Himmel und eine neue Erde

Johannes hatte Christus bei seinem Kommen »mit großer Macht und Herrlichkeit« (Mt 24,30 ELB) gesehen, wie er die Mächte des Bösen besiegte, sein irdisches Reich für 1000 Jahre aufrichtete und als Weltenrichter die letzte große Endabrechnung Gottes durchführte.

Jetzt schaut er einen neuen Himmel und eine neue Erde. Wenn auch der Schöpfer selber im Verborgenen bleibt, wusste Johannes doch, dass Jesus Christus der Schöpfungsmittler der ersten Schöpfung war (Joh 1,3-4; 8,58; Kol 1,16). Wie Gott durch Jesus Christus »die Welten geschaffen hat« (Hebr 1,2 ZB), so sind auch der neue Himmel und die neue Erde ein Werk des Sohnes Gottes. Alles, was Johannes jetzt sieht, entzieht sich menschlichem Vorstellungsvermögen. Die Bilder, hinter denen sich eine zukünftige Realität verbirgt, versuchen, uns eine unzugängliche Dimension nahezubringen. Johannes kann deshalb nur einige wichtige Einzelheiten festhalten, aber keine vollständige Darstellung geben. Seine Beschreibungen sind unvollständig, skizzenhaft, ihm fehlen die Worte.

Allein der Hinweis, dass es in der neuen Schöpfung kein Meer geben wird, liegt jenseits unserer menschlichen Denkmöglichkeiten. »Und das Meer ist nicht mehr« (21,1 ELB) bezieht sich auf die neue Erde; denn mit dem Vergehen von Himmel und Erde (20,11) sind auch die Weltmeere verschwunden.

Er sieht das himmlische Jerusalem, die Stadt Gottes (vgl. Hebr 11,10.16; 13,14), auf die neue Erde kommen, in einer Herrlichkeit, die ihm den Vergleich mit einer geschmückten Braut nahelegt. Er versteht, dass alles, was er schaut, sich nicht ausreichend beschreiben und schon gar nicht erklären lässt, aber dass der erhöhte, verherrlichte Christus mit den Bildern seiner Gemeinde eine Botschaft übermitteln will. Er hört eine machtvolle Stimme vom Thron Gottes her, die ihm eine solche Botschaft mitteilt (21,3-4). Das erste und wichtigste Merkmal der neuen Welt ist die vollkommene Gemeinschaft Gottes mit den Menschen. Was im Paradies begann (1Mo 1–2) und durch Menschen zerstört wurde, begann mit dem ersten Kommen Jesu wiederhergestellt zu werden: »Und das Wort wurde Fleisch und wohnte unter uns« (Joh 1,14 ELB), wörtlich »zeltete unter uns«.

Auf der neuen Erde wird es vollendet: »Siehe, das Zelt Gottes bei den Menschen« (21,3 ELB). Jetzt wird Gott für immer bei den Menschen sein. »Sie werden sein Volk sein« (V. 3 EÜ). In der alten Welt galt das zunächst nur für Israel: »Dich hat der Herr, dein Gott, erwählt zum Volk des Eigentums aus allen Völkern« (5Mo 7,6 LUT).

Nach Karfreitag und Ostern wurde es auf die Gemeinde Jesu übertragen: Ihr seid das »heilige Volk«, Gottes eigenes Volk (vgl. 1Petr 2,9). In der neuen Welt gilt es für Israel, die Gemeinde und die Gläubigen, die im 1000-jährigen Reich zu Jesus gefunden haben. »Und Gott selbst wird bei ihnen sein« (21,3 ELB). Der prophetische Name für den Messias, »Immanuel«, Gott ist mit uns (Jes 7,14 ELB), begann Wirklichkeit zu werden, als Jesus geboren wurde (Mt 1,23). In der neuen Welt Gottes ist er vollendete Wirklichkeit: »Gott mit uns!« Was das umschließt, vermag Johannes nur in Negationen auszudrücken: keine Tränen mehr, kein Sterben, keine Trauer, keine Klagen, keine Schmerzen. Alles, was das Leben in der alten Schöpfung prägte, ist vergangen.

Was Johannes offenbart wird, ist jenseits alles Vorstellbaren, aber unbeschreiblich schön. Und um zu bestätigen, dass all das nicht krankhafter menschlicher Fantasie entsprungen ist, versichert Gott ihm: Nicht Menschen, sondern Gott allein wird das bewirken: »Siehe, ich mache alles neu!« (21,5 ELB). Und erneut geht der Auftrag an Johannes, alles aufzuschreiben: »Schreibe, denn diese Worte sind wahrhaftig und gewiss« (V. 5 LUT). Genau dem folgt Johannes. Er berichtet: »Und er sprach zu mir: Es ist geschehen. Ich bin das A und das O, der Anfang und das Ende. Ich will dem Durstigen geben von der Quelle des lebendigen Wassers umsonst« (21,6 LUT).

Für den allmächtigen Gott, der Ursprung und Ziel allen Seins ist, ist die Durchführung seines Heilsplans, der für Menschen noch in ferner Zukunft liegt, schon Gegenwart. Um die Glaubenden in dieser Gewissheit zu stärken, fügt Gott eine Einladung an. Schon der Prophet Jesaja hatte verheißen, dass Gott dem Glaubenden ermöglicht, ein erfülltes Leben zu führen: »Du wirst sein ... wie eine Wasserquelle, der es nie an Wasser fehlt« (Jes 58,11 LUT). Und Jesus hatte zu sich eingeladen, um im Glauben an ihn seinen Lebensdurst zu stillen, und zwar durch den Heiligen Geist: »Wen da dürstet, der komme zu mir und trinke!« (Joh 7,37-39 LUT). Jetzt bestätigt Gott diese Verheißungen. Jeder, der Sehnsucht nach der neuen Welt Gottes hat, darf ohne alle Vorleistung – »umsonst« – sein Leben Gott anvertrauen.

Um an Gottes Herrlichkeit Anteil zu haben, lohnt sich jeder Einsatz. Es geht darum, an Jesus und seinem vollbrachten Erlösungswerk festzuhalten, zu »überwinden« (vgl. 21,7). Die ganze Offenbarung ist durchzogen von der Ermutigung zu »überwinden«, an der Seite des Siegers, des »Überwinders«, Jesus Christus zu bleiben. Jede der sieben Gemeinden, die einen Brief des erhöhten Herrn erhalten hat, hat eine besondere Verheißung für das Überwinden erhalten. Im Thronsaal Gottes wird Jesus als der

Überwinder gepriesen (5,5). Im Himmel werden die Glaubenden gerühmt, die der Versuchung durch den Satan widerstanden haben, die Jesus bezeugt und unter dem Einsatz ihres Lebens den Satan »überwunden« haben (12,11 ELB).

Johannes hat die Schar der »Überwinder« gesehen (vgl. 15,2ff), die am »gläsernen Meer« standen und Gott mit dem »Lied Moses ... und ... des Lammes« (15,3 ELB) priesen.

Für die neue Welt Gottes gilt, dass jeder, der an der Seite Jesu bleibt, an Gottes Herrlichkeit Anteil haben, dass er »Erbe« des himmlischen Vaters sein wird (vgl. 21,7; Röm 8,16-18). Auch für die Teilhabe an Gottes neuer Welt gilt der Grundsatz: Sünde trennt von Gott (21,8). Nicht alle Menschen werden einmal im Himmel sein. Wer nicht wagt, eine unwiderrufliche Entscheidung für Jesus zu treffen, wer im Unglauben verharrt, bleibt draußen. Das sind die »Feigen und Ungläubigen« (V. 8 ELB).

Alles andere, was hier aufgezählt wird, sind Auswirkungen des Unglaubens. Weil die Offenbarung sich an Menschen richtet, die noch in der ersten Schöpfung leben, wird diese Warnung ausgesprochen. Menschen, die Jesus nachfolgen, sind nicht sündlos und fehlerfrei; sie können zur Sünde verführt werden. Aber sie leben nicht mehr im Machtbereich der Sünde (1Joh 2,1-3). Die Ungläubigen aber, die Gott das Vertrauen verweigern, sind allen Versuchungen schutzlos preisgegeben. Sie machen sich selbst zu Gefangenen und Gefolgsleuten des Teufels. Die Mörder, Unzüchtigen, Zauberer, Götzendiener und Lügner sind Menschen, die Gott los sein wollen und darum gottlos leben. Ihr Weg endet dort, wo auch der Weg Satans sein Ende fand (20,10).

Noch einmal tritt ein Engel an Johannes heran, einer von den sieben, die die letzten sieben Plagen über der Erde ausgegossen hatten (21,9). Offensichtlich ist es derselbe, der Johannes das Gericht über die Hure Babylon gezeigt und ihn dabei mit einer gewissen Distanz begleitet hatte (17,1.7.15; 19,9).

Beim ersten Mal hatte er Johannes aufgefordert: »Komm, ich will dir zeigen ... das Gericht über die große Hure«, und führte ihn »im Geist in eine Wüste« (17,1.3 LUT). Jetzt sagt er wieder: »Komm, ich will dir die Braut zeigen, die Frau des Lammes« und führte ihn »im Geist auf einen großen und hohen Berg« (21,9-10 LUT).

Im Zusammenhang mit der Wiederkunft Jesu und der Vollendung seiner Gemeinde hatte Johannes das Wort von der Braut, der »Frau des Lammes«, gehört (V. 9, vgl. 19,7). Jetzt soll er sie sehen – und er sieht »das neue Jerusalem«, »die heilige Stadt« (21,2 ELB), von Gott aus dem neuen Himmel auf die neue Erde kommen, erfüllt von der Herrlichkeit Gottes.

Wie schon einmal stehen zwei für uns unvereinbare Bilder nebeneinander, ohne erklärt zu werden: erst die große Hure, die im Bild der Stadt Babylon erscheint (17,1.5.18); jetzt die Braut Christi, die Gemeinde Jesu, im Bild des neuen Jerusalem. Johannes sieht die eine Gemeinde aus Israel und allen Völkern am Ziel ihres Weges. Das neue Jerusalem, die Hauptstadt der neuen Schöpfung, ist der Lebensraum des neuen Gottesvolkes.

Der Engel, der Johannes begleitet, erscheint wieder, diesmal mit einem goldenen »Messstab« in der Hand (21,15 LUT). Er versucht, Johannes die Ausmaße der Stadt deutlich zu machen. Johannes beschreibt, was er sieht, und doch reichen seine Worte nicht aus, er muss ihm vertraute Vergleiche zu Hilfe nehmen.

Die Stadt strahlt einen Glanz aus, ähnlich einem Edelstein, der im Licht aufstrahlt. Eine große hohe Mauer bildet die Grenze, nach allen vier Himmelsrichtungen hin von je drei Toren durchbrochen. Zwölf Grundsteine aus verschiedenfarbigen Edelsteinen, wohl die Fundamente der Tore, tragen die Namen der zwölf Apostel. Zwölf Tore, jedes aus einer Perle, tragen den Namen der zwölf Stämme Israels.

Auf jedem der zwölf Tore steht ein Engel (21,12-14). Die Stadt ist aus Gold, durchscheinend wie Glas (21,18). Sie gleicht einem Würfel mit einer Kantenlänge von 12 000 Stadien, ca. 2220 km (21,16), und die Höhe der Mauer beträgt 144 Ellen, ca. 72 m (21,16-21). Das Schönste und Kostbarste in der von Gott geschaffenen Welt reicht nicht aus, um die Schönheit und Pracht der neuen Welt angemessen zu beschreiben. Gottes Maße übersteigen das Begriffsvermögen der menschlichen Vernunft. Der Fortgang der Beschreibung lässt deutlich werden, dass es bei dem Bild vom neuen Jerusalem um geistliche Einsichten geht, dass hier in prophetischer Bildersprache von Jesus und seiner Gemeinde gesprochen wird.

Johannes berichtet: »Und ich sah keinen Tempel darin; denn der Herr, der allmächtige Gott, ist ihr Tempel, er und das Lamm« (21,22 LUT). Im Alten Testament war der Tempel mit seinem Opferdienst, dessen himmlisches Urbild Mose auf dem Gottesberg gesehen hatte (2Mo 25,40), Ort der Gegenwart Gottes inmitten seines Volkes.

Im Neuen Testament trat an die Stelle des Tempels die Gemeinde Jesu (1Kor 3,16-17) und das Leben des einzelnen Christen (1Kor 6,19). Sie sind Tempel des lebendigen Gottes, weil Gottes Geist in ihnen wohnt. Jetzt ist Gott selbst anstelle des Tempels bei ihnen. Es besteht völlige Gemeinschaft zwischen Gott und den Menschen. Der Lebensraum Gottes wird zum Lebensraum des Menschen. Das ganze Gottesvolk des Alten und des Neuen Bundes ist mit den himmlischen Heerscharen vereint. Darauf weisen die Namen der zwölf Stämme Israels und der zwölf Apostel und die Engel auf den Toren hin. Stadt und Mauer werden durchscheinend wie Glas für die Herrlichkeit Gottes. Der Herr wird in seiner Gemeinde verherrlicht. Das Leben des Gottesvolkes ist gottgemäß und heilig, nach Gottes vollkommenem Plan in allen Dimensionen vollkommen ausgestattet. Daran erinnert die immer wiederkehrende Zahl Zwölf als Zahl biblischer Vollkommenheit. Selbst

Menschenmaß und Engelmaß stimmen überein (21,17); alles Unmaß und alle sündige Unordnung sind entfernt.

Die unvorstellbare Weite der Stadt ist Lebensraum für die »große Schar, die niemand zählen konnte, aus allen Nationen und Stämmen und Völkern und Sprachen« (7,9 LUT), die Johannes zuvor vor Gottes Thron gesehen hatte. Im Zentrum der Stadt ist »der Thron Gottes und des Lammes« (22,3 LUT).

Jesus Christus, der gekreuzigte und auferstandene Sohn Gottes, das »Lamm Gottes, das die Sünde der Welt wegnimmt« (Joh 1,29 ELB), er sitzt zur Rechten Gottes (Röm 8,34). Jesus begleitet den Weg seiner Gemeinde auf Erden mit seiner Fürbitte und Fürsorge. Er, der auf Erden »das Licht der Welt« war (Joh 8,12 ELB) und in allem am Wesen Gottes teilhatte – »Gott ist Licht« (1Joh 1,5 LUT) –, er wird auch in der Ewigkeit das Licht sein, das die neue Schöpfung durchdringt. Darum gibt es dann auch keine Sonne und keinen Mond mehr (21,23 vgl. 1Mo 1,14-16), weil es auch keine Nacht mehr gibt (21,25; 22,5). Was als Hoffnung für den Weg auf Erden dem Volk Israel gegeben war: »Und es wird ein einziger Tag sein – er ist dem Herrn bekannt –, es wird nicht Tag und Nacht sein, und auch um den Abend wird es licht sein« (Sach 14,7 LUT), vollendet sich in der Ewigkeit.

Weil vollkommener Friede und vollkommene Sicherheit herrschen, stehen die Tore der Stadt allezeit offen (21,25). Alle, deren Namen im »Lebensbuch des Lammes« stehen (21,27 LUT, vgl. Lk 10,20), haben in der Stadt ihr Wohnrecht. Andere, die auch den Zugang zum Reich Gottes gefunden haben, dürfen ihre Gaben zum Thron Gottes in die Stadt bringen.

Endlich ist die eine Gemeinde aus Israel und allen Völkern am Ziel und hat ihre Wohnung im neuen Jerusalem, der Hauptstadt der neuen Schöpfung. Nun wird sich ihr König- und Priestertum darin zeigen, dass sie ein Segen sein werden für die Bewohner der neuen Erde (21,24–22,2).

Als Johannes in den Himmel entrückt wurde, hat er als Erstes Gottes Thron geschaut (4,2). Jetzt, am Schluss der Offenbarung, sieht er noch einmal Gottes Thron (22,1). Der Engel, der Johannes seit dem Gericht über die große Hure begleitet hatte (17,1 vgl. 19,9-10), zeigt ihm, wie am »Thron Gottes und des Lammes« eine Quelle entspringt, die das »kristallklare Wasser des Lebens« hervorsprudeln lässt. Schon dem Propheten Hesekiel war offenbart worden, dass einmal vom Heiligtum, vom »Gnadenthron« (2Mo 25,17-22 LUT), ein Gnadenstrom ausgehen werde, der immer tiefer und reicher fließen wird und heilende Wirkung hat (Hes 47,1-9). Was Hesekiel verheißen wurde, geht in der neuen Welt Gottes in Erfüllung. Am Beginn der Welt umfloss ein Urstrom das Paradies, in dessen Mitte der eine »Baum des Lebens« stand (1Mo 2,9-10 ELB).

In der neuen Welt Gottes stehen an beiden Ufern des Stromes viele »Bäume des Lebens« (wörtl. »Holz des Lebens«), die ihre Wurzeln zum Wasser des Lebens ausstrecken, zwölfmal im Jahr Frucht tragen und deren Blätter »zur Heilung der Völker« dienen (22,2 LUT). Weil der Lebensstrom alles speist und alles heilt, gibt es in der erneuerten Schöpfung nichts Sterbendes mehr und nichts, was unter dem Bannfluch Gottes steht (22,3). Mit den Worten »zur Heilung der Völker« könnte angedeutet sein, dass es auch in der neuen Welt Gottes so etwas wie eine fortschreitende Entwicklung gibt.

Was Johannes »am Tag des Herrn« (1,10 LUT) offenbart wurde, sollte die Gemeinden informieren. Gott enthüllte ihnen, die alle miteinander als »seine Knechte« angesprochen wurden (1,1 LUT), seine Heilsabsichten. Sie sollten die Zukunft, die kommende Herrlichkeit, im Blick behalten, gerade auch in Zeiten der Not, Anfechtung und Verfolgung.

Zum Abschluss der Offenbarung lässt Gott Johannes sehen, was »seine Knechte« am Ziel der Wege Gottes erwartet: »Seine

Knechte werden ihm dienen und sein Angesicht sehen, und sein Name wird an ihren Stirnen sein« (22,3-4 LUT).

Der Apostel Paulus hatte der Gemeinde in Thessalonich mit einem kurzen Satz den Auftrag der Christen beschrieben: Ihr seid bekehrt, um »dem lebendigen und wahren Gott zu dienen« (1Thess 1,9 ELB). Gott dienen mit ihrem Wort-, Tat- und Lebenszeugnis, darin sollten sich die Gläubigen einüben, auch wenn dieser Dienst in der irdischen Lebenszeit fragmentarisch bleibt. In der Ewigkeit, vor Gottes Thron, empfangen sie neue Aufgaben (vgl. Lk 19,16-19). Dann können sie ihm gottgemäß dienen, ohne Selbstsucht und Selbstbehauptung. Denn sie schauen Gott »von Angesicht zu Angesicht« (1Kor 13,12 ELB), und dadurch wird ihr Wesen verwandelt (vgl. 2Kor 3,18; 1Joh 3,2).

Was auf Erden anfangsweise beginnt, dass sich Gottes Wesen im Leben des Glaubenden ausprägt (2Petr 1,4), wird sich erst in der Herrlichkeit vollkommen realisieren: »Sein Name wird an ihren Stirnen sein« (22,4 ELB). Weil sie nun völlig Christus gehören, er uneingeschränkt über sie verfügen kann und sie allein vom Licht seines Heiligen Geistes erleuchtet und geführt werden, teilt der Herr seine königliche Herrschermacht mit ihnen, »und sie werden regieren von Ewigkeit zu Ewigkeit« (22,5 LUT).

Offenbarung 22,6-21: Das Schlussgespräch des Engels mit Johannes und das Wort des Herrn

Der Engel, der Johannes seit der Wende in der Heilsgeschichte begleitete (17,1.7.15; 19,9; 21,9.15; 22,1.6) und ihm zum rechten Verständnis des Geschauten verhalf, hat ihm zuletzt das Ziel der Wege Gottes gezeigt (22,1-5). Jetzt spricht er Johannes noch einmal an. Er ist einer der sieben Engel, die nach dem Ertönen der letzten Posaune (11,15) aus dem himmlischen Tempel heraustraten. Es waren besondere Engel, erkennbar an ihrer Kleidung und der feierlichen Übergabe der goldenen Zornschalen (15,6-7). Vielleicht waren es Engelfürsten. Ein Vergleich mit dem »Engel des Herrn« liegt nahe, der zum ersten Mal in der Begegnung mit Hagar in der Wüste (1Mo 16,7-11) und später wiederholt erscheint (1Mo 22,1.11; 2Mo 3,2-6; Ri 6,11-14), der an manchen Stellen nicht nur im Namen Gottes spricht, sondern als Gott selber in der ersten Person redet. Ob Jesus den Engel, der Johannes anspricht, autorisiert hat, in seinem Namen zu sprechen, bleibt ein Geheimnis. Aber nur so lässt sich im Folgenden der wechselnde Redestil zwischen Bericht, wörtlicher Wiedergabe des Gehörten und persönlicher Anrede durch den erhöhten Herrn erklären.

Zunächst gibt der Engel eine Hintergrundinformation (22,6-7), die Johannes die absolute Zuverlässigkeit des Gehörten und

Geschauten bestätigen soll: Gott ist Herr über alle himmlischen Wesen, die »Geister der Propheten« (V. 6 ELB); ihm sind alle geistigen Mächte untertan.

Er sendet seine Boten in der Gestalt, die ihrem Auftrag entspricht (vgl. Hebr 1,7.13-14). Er hat seinen Engel gesandt, um seine Gemeinde auf Erden auf Ereignisse vorzubereiten, die plötzlich eintreten werden.

Das besondere Geschehen, dem die Weltgeschichte als ihrem Ziel entgegenstrebt, wird die Wiederkunft Jesu sein. Glücklich zu preisen ist der Mensch, der die Weissagungen in diesem Buch beachtet und im Blick behält. Er wird nicht überrascht sein (vgl. Mt 24,25), wenn Jesus plötzlich wiederkommt, sondern ihm mit Freuden entgegeneilen (1Joh 2,28). Diese zusammenfassende Botschaft war Johannes so wichtig, dass er sie an den Anfang der Niederschrift der Offenbarung gestellt hat (1,1-3).

Johannes greift das Wort des Engels auf, erklärt seine persönliche Glaubwürdigkeit als Zeuge und schildert seine innere Bewegung (22,8-9). Schon nach der Mitteilung von der Vollendung und Verherrlichung der Gemeinde Jesu bei der »Hochzeit des Lammes« (19,7-10 ELB) war er innerlich so bewegt, dass er vor dem Engel niederfiel, um ihn anzubeten. So auch jetzt.

Aber der Engel hindert ihn daran und stellt sich auf die gleiche Stufe mit Johannes. Die entscheidende Weisung heißt: »Bete Gott an!« (22,8-9 ELB).

Anschließend sagt der Engel, dass Johannes den Inhalt der Offenbarung nicht geheim halten, sondern jedem zugänglich machen soll, »denn die Zeit ist nahe«. Die Ereignisse können jederzeit plötzlich eintreten, sodass dem Einzelnen keine Zeit mehr bleibt, sein Leben zu ändern. Aber die Gläubigen, die »Gerechten« und »Heiligen«, sollen unbeirrt auf dem Weg des Glaubens bleiben (22,10-11 LUT, vgl. Mt 25,6-10).

Noch einmal spricht Jesus selbst zu Johannes (22,12-16). Er ist

Anfang und Ende allen Seins, Ursprung und Ziel der Welt- und Heilsgeschichte; er ist der verheißene Messias Israels, der Stern, den schon Bileam in seiner Prophetie geschaut hat (4Mo 24,17), und der Thronfolger Davids, der »Spross aus der Wurzel« und dem Geschlecht Davids (Jes 11,10 EÜ). Wenn er wiederkommt, werden alle vor seinem Richterthron erscheinen. Für die Glaubenden wird es der »Gnadenthron« sein, an dem Christus sie für ihre Treue belohnen wird (vgl. 1Kor 3,11-15; 2Kor 5,10).

Noch einmal spricht der Herr eine Seligpreisung aus: Glücklich zu preisen sind alle, die »ihre Kleider gewaschen« haben. In reinen Gewändern, »im Blut des Lammes« gewaschen und weiß gemacht (7,14 LUT), so hatte Johannes »die Schar, die niemand zählen konnte« (7,9 LUT), vor Gottes Thron gesehen. Es sind die Menschen, die ihr Leben Jesus anvertraut und Vergebung ihrer Sünden erlangt haben (1Joh 1,8-9). Sie haben Heimatrecht im himmlischen Jerusalem und das Recht, die Frucht vom Baum des Lebens zu genießen. Was den ersten Menschen im Paradies noch verwehrt war (1Mo 2,9.16-17; 3,22), was den Christen in Ephesus im Sendschreiben verheißen wurde (2,7), das empfangen die Gläubigen in der Ewigkeit.

Noch ein drittes Mal wiederholt der Herr, dass es ein »Drinnen« und ein »Draußen« geben wird (vgl. 21,8.27). Wer die Weisungen Gottes in der Heiligen Schrift in den Wind schlägt und ohne Christus, ohne seine Vergebung und seine Gnade leben will, schließt sich selbst von Gottes neuer Welt aus (22,15). Das sollen nach dem Willen Jesu alle Gemeinden wissen (22,16).

Als Antwort auf die Worte des erhöhten Herrn und weil die endzeitlichen Ereignisse in ihrer ganzen Wucht noch nicht eingetreten sind, also noch Zeit zur Umkehr ist, schließen sich der Heilige Geist und die Gemeinde, die »Braut«, zusammen. Sie richten eine besondere Einladung zum Heil an Menschen, die noch »draußen« sind (22,17 EÜ): »Wer durstig ist, der komme!« Noch kann jeder, der nach Gottes Heil verlangt, ohne jede Vorleistung Vergebung und ewiges Leben erlangen.

Ein letztes Mal mahnt Jesus (22,18-20), das prophetische Wort der Offenbarung ernst zu nehmen, nichts daran eigenmächtig zu verändern. Er versichert abschließend, dass er plötzlich wiederkommen wird: »Ja, ich komme bald« (22,20 ELB). Er selber, in seiner göttlichen Person, tritt als Zeuge für die Wahrheit der Offenbarung ein. Das Echo der Gemeinde auf die letzten Worte des erhöhten Herrn ist die Bitte, bei der die Gläubigen sich der Erhörung gewiss sind: »Amen, komm, Herr Jesus!«

Mit dem apostolischen Segenszuspruch der Gnade Gottes an alle, die diese Worte hören (1,3), schließt Johannes seinen Bericht (22,21): »Die Gnade des Herrn Jesus sei mit allen« (LUT) – ein Zuspruch göttlichen Segens, der alle Jahrhunderte überdauert.